essentials

Essentials liefern aktuelles Wissen in konzentrierter Form. Die Essenz dessen, worauf es als „State-of-the-Art" in der gegenwärtigen Fachdiskussion oder in der Praxis ankommt. *Essentials* informieren schnell, unkompliziert und verständlich

- als Einführung in ein aktuelles Thema aus Ihrem Fachgebiet
- als Einstieg in ein für Sie noch unbekanntes Themenfeld
- als Einblick, um zum Thema mitreden zu können

Die Bücher in elektronischer und gedruckter Form bringen das Fachwissen von Springerautor*innen kompakt zur Darstellung. Sie sind besonders für die Nutzung als eBook auf Tablet-PCs, eBook-Readern und Smartphones geeignet. *Essentials* sind Wissensbausteine aus den Wirtschafts-, Sozial- und Geisteswissenschaften, aus Technik und Naturwissenschaften sowie aus Medizin, Psychologie und Gesundheitsberufen. Von renommierten Autor*innen aller Springer-Verlagsmarken.

Philipp Stang · Claudia Ondrejtschak

Sexualität in der Psychotherapie im Kindes- und Jugendalter

Springer

Philipp Stang 🅓
School of Psychology, SRH University
Heidelberg
Fürth, Deutschland

Claudia Ondrejtschak
Praxis für Psychotherapie
Zirndorf, Deutschland

ISSN 2197-6708   ISSN 2197-6716   (electronic)
essentials
ISBN 978-3-662-72353-1   ISBN 978-3-662-72354-8   (eBook)
https://doi.org/10.1007/978-3-662-72354-8

Die Deutsche Nationalbibliothek verzeichnet diese Publikation in der Deutschen Nationalbibliografie; detaillierte bibliografische Daten sind im Internet über https://portal.dnb.de abrufbar.

Planung/Lektorat:Julia Schnitter
Springer ist ein Imprint der eingetragenen Gesellschaft Springer-Verlag GmbH, DE und ist ein Teil von Springer Nature.
Die Anschrift der Gesellschaft ist: Heidelberger Platz 3, 14197 Berlin, Germany

Wenn Sie dieses Produkt entsorgen, geben Sie das Papier bitte zum Recycling.

Was Sie in diesem *essentials* finden können:

- Eine Einführung in die psychotherapeutische Arbeit mit Kindern und Jugendlichen im Kontext von Sexualität
- Theoretische Grundlagen und Hintergrundwissen zum thematischen Kontext
- Praktische Tipps für die psychotherapeutische Arbeit
- Fallbeispiele
- Hinweise auf Fallstricke und schwierige Situationen.

Vorwort

Sexualität und Intimität begleiten den Menschen über die gesamte Lebensspanne – von der frühen Kindheit bis ins hohe Alter. Dabei ist insbesondere die Phase der Kindheit und Jugend eine Zeit intensiver psychosexueller Entwicklung, die von körperlichen, emotionalen und sozialen Reifungsprozessen geprägt ist. In dieser sensiblen Lebensphase sollten Themen rund um Sexualität, Identitätsfindung, Beziehungsgestaltung und Intimität weder tabuisiert noch ausgeklammert werden – auch und gerade nicht im professionellen therapeutischen Kontext.

Sexualtherapie im Kindes- und Jugendalter stellt Fachpersonen vor besondere Herausforderungen: Entwicklungspsychologische Aspekte, Fragen des Kindeswohls, rechtliche Rahmenbedingungen sowie der Umgang mit gesellschaftlichen Normen und familiären Werten spielen dabei eine zentrale Rolle. Zugleich ist es ein Arbeitsfeld, das fundiertes Wissen, Sensibilität und fachliche Sicherheit erfordert – nicht zuletzt, um betroffenen jungen Menschen angemessen begegnen und sie wirksam unterstützen zu können.

Dieser Band aus der *essentials*-Reihe bietet einen kompakten und zugleich fundierten Einstieg in die sexualtherapeutische Arbeit mit Kindern und Jugendlichen. Er versteht sich als ein praxisnaher Überblick, der zentrale Grundbegriffe und Konzepte, relevante theoretische Grundlagen und erste Handlungsperspektiven zusammenführt. Dieses Buch kann damit als Ergänzung zu bestehenden psychotherapeutischen Lehrwerken dienen und Impulse für vertiefende Auseinandersetzungen geben. Für weitere Informationen sei auch auf zwei inhaltsähnliche Publikationen der Verfassenden dieser Monografie verwiesen (Stang und Ondrejtschak, accepted; Stang und Ondrejtschak, submitted).

Angesprochen sind insbesondere Studierende der Psychologie und Medizin, Kinder- und Jugendlichenpsychotherapeut:innen sowie Psychologische Psychotherapeut:innen in Ausbildung und mit Approbation, Fachpsychotherapeut:innen (in Weiterbildung), Ärzt:innen (in Weiterbildung), Fachärzt:innen sowie alle weiteren Fachpersonen, die in angrenzenden Arbeitsfeldern mit jungen Menschen und deren Familien arbeiten. Ziel ist es, Hemmschwellen abzubauen, ein fachlich fundiertes Verständnis für kindliche und jugendliche Sexualität zu fördern und den professionellen Umgang mit diesem bedeutsamen Thema zu stärken.

Wir laden Sie ein, sich mit Offenheit, Neugier und fachgerechter Haltung auf die folgenden Seiten einzulassen.

Claudia Ondrejtschak

Im Mai 2025   Philipp Stang

Competing Interests Die Autor*innen haben keine für den Inhalt dieses Manuskripts relevanten Interessenkonflikte.

Inhaltsverzeichnis

Einleitung

1

Auch in der Psychotherapie mit Kindern, Jugendlichen und jungen Erwachsenen haben sexuelle Themen eine hohe Relevanz. Fachpublikationen zu diesen Themen und Altersbereichen sind eher selten und behandeln die Thematik nicht abschließend (Hemminger 2008; Krege 2011; Meyenburg 2013; Resch und Schulte-Markwort 2005; Resch und Schulte-Markwort 2005; Rose et al. 2018; Schuhrke 2012; Schulte et al. 2021). In diesem *essentials* wird die therapeutische Arbeit mit Kindern (Personen unter 14 Jahren) und Jugendlichen (Personen zwischen 14 und 21 Jahren) im Kontext von Sexualität fokussiert.

Obligatorisch setzen sich Psychotherapeut:innen bei der Arbeit mit Kindern und Jugendlichen mit unterschiedlichen Facetten der Entwicklung auseinander, wie z. B. die motorische, sprachliche, kognitive oder die Sauberkeitsentwicklung. Auf die psychosexuelle Entwicklung wird jedoch eher selten eingegangen und sexualpsychologische und -medizinische Befunde werden meist nicht erhoben. Häufig wird das Themenfeld bei Kindern und Jugendlichen vermieden. Oft nehmen Praktiker:innen an, dass das Ansprechen von Sexualität etwas Negatives auslöst, z. B. dass Kinder oder Jugendliche „frühsexualisiert" sein könnten. Professionelles Arbeiten bedeutet jedoch im therapeutischen Setting thematische Gesprächsangebote zu machen. Als ein Kernaspekt der sexualtherapeutischen Arbeit und der sexuellen Bildungsarbeit kann angesehen werden, das Gegenüber zum kommunikativen Austausch über Sexualität zu befähigen. Daher haben Gesprächstechniken eine herausragende Bedeutung (Weidinger et al. 2007). Motivierende, klientenzentrierte oder non-direktive Gesprächsführung, Visualisierungen, Material- und Medieneinsatz können hierzu behandlungsmethodische und -technische Unterstützung bieten.

1

▶ **Psychosexuelle Entwicklung** Die psychosexuelle Entwicklung beschreibt den Prozess, in dem sich das sexuelle Erleben, Verhalten und die geschlechtliche Identität von Geburt über die komplette Lebensspanne hinweg entwickeln.

▶ **Kinder- und Jugendlichenpsychotherapie** Unter Kinder- und Jugendlichenpsychotherapie wird die Behandlung von klinisch relevanten psychischen Problemen mittels wissenschaftlich fundierter Verfahren verstanden, die auf die besonderen Bedürfnisse junger Menschen und deren Entwicklung methodisch und technisch zugeschnitten sind. Sie schließt häufig das soziale Umfeld, insbesondere Bezugspersonen, mit ein.

▶ **Sexuelle Probleme** Sexuelle Probleme umfassen biopsychosoziale Beeinträchtigungen im (sexuellen) Erleben und Verhalten. Sie können biologisch, psychisch oder sozial bedingt sein und betreffen Menschen jeden Alters.

▶   **Praktische Tipps für die therapeutische Arbeit mit Kindern und Jugendlichen zum Thema Sexualität und/oder Geschlecht**

- Schaffe einen sicheren, wertfreien Raum für Gespräche.
- Arbeite altersgerecht und mit kreativen Medien (z. B. Geschichten, Bilder, Spiele).
- Sei offen für verschiedene sexuelle Orientierungen und Geschlechtsidentitäten.
- Ermutige Kinder und Jugendliche, Fragen zu stellen und ihre Gefühle auszudrücken.
- Beziehe das Entwicklungsniveau und die familiären Hintergründe mit ein.

▶   **Praktische Tipps für die therapeutische Arbeit mit Bezugspersonen von Kindern und Jugendlichen zum Thema Sexualität und/oder Geschlecht**

- Vermittle Wissen über kindliche und jugendliche Sexualentwicklung.
- Ermutige zur offenen, wertschätzenden Kommunikation mit dem Kind/dem:der Jugendlichen.
- Biete Unterstützung im Umgang mit Unsicherheiten oder Vorurteilen.

- Stärke die Rolle der Bezugsperson als vertrauensvolle Ansprechperson.
- Thematisiere deren eigene Haltungen, Ängste oder Überforderungen behutsam.

Sexualität

2

Sexualität kann als existenzielles Grundbedürfnis des Menschen angesehen werden. Es ist ein zentraler Bestandteil der menschlichen Identität und Persönlichkeitsentwicklung und steht in Zusammenhang mit der körperlichen, emotionalen und mentalen Gesundheit. Sexualität umfasst biologische, psychologische und soziale Faktoren sowie Prozesse und kann positive wie negative Aspekte beinhalten. Dabei gilt, dass Menschen Sexualität individuell (er-)leben (Lehmiller 2018).

Unterschiede zwischen Sexualität im Kindes- und Erwachsenenalter
Bei Kindern kann Sexualität und Intimität als Spektrum ganzheitlicher Erfahrung verstanden werden und ist zudem keinesfalls mit der von Erwachsenen gleichzusetzen (Freund & Riedel-Breidenstein 2012). Auch sollte Sexualität im Kindesalter nicht als noch unreife und „noch nicht fertige" Form der erwachsenen Sexualität verstanden werden. Sie ist entwicklungsspezifisch und beinhaltet somit spezifische Formen und Ausprägungen, z. B. das Erleben von Zärtlichkeit und Sinnlichkeit ohne genitale Sexualität. Die altersspezifische Sexualität kann in Anlehnung an Freund und Riedel-Breidenstein (2012) sowie Schuhrke (2015) skizzenhaft charakterisiert werden (Tab. 2.1). Dabei ergeben sich fließende Übergänge in der Entwicklung:

Der Unterschied zwischen der Sexualität bei Kindern/Jugendlichen und Erwachsenen kann als heterologes Modell verstanden werden (Schmidt 2012), das im weiteren Sinne fließende Übergänge von der pränatalen Entwicklung über die komplette Lebensspanne bis zum Tod aufweist. Die Entwicklung wird durch soziokulturelle, ökonomische, situative und persönliche, inklusive psychodynamischer, sowie biologische Faktoren beeinflusst. Je nach Entwicklungsalter, Situation und interpersoneller Ausgestaltung kann Sexualität unterschiedliche Funktionen haben, z. B. Lust, Beziehung und Kommunikation, Identität und

Tab. 2.1 Unterschiede zwischen der Sexualität von Kindern und Erwachsenen. (Modifiziert nach Freund und Riedel-Breidenstein 2012; Schuhrke 2015)

Sexualität im Kindesalter	Sexualität im Erwachsenenalter
• nicht auf penetrativen Geschlechtsverkehr fokussiert • unbefangenes, spontanes Verhalten: Entdecken, Freude, Lust und Neugierde • Identitätsaspekt: Ganzheitlichkeit von Körper und Psyche • egozentrische Ausrichtung • keine Trennung von Zärtlichkeit und (extra-)genitaler Sexualität • Entwicklung von soziokulturellen Sexualnormen und Schamempfinden	• genitale (penetrative) Sexualität • Zielfokussierung: Koitus und sexuelle Befriedigung, z. B. Orgasmuserleben • reproduktive Funktion (Fortpflanzung) • Exklusivität von Sexualpartner:innen • Orientierung an soziokulturellen Werten, Normen, Konventionen und Regeln • Orientierung an persönlichen Grundüberzeugungen und Selbstkonzept

Selbstwert sowie Fruchtbarkeit. Große Unterschiede hierzu finden sich im Kindes-, Jugend- und jungen Erwachsenenalter.

2.1   Sexuelle Entwicklung

Die psychosexuelle Entwicklung vollzieht sich u. a. durch Sozialisationsaspekte, biografische Erlebnisse und Erfahrungen, die im engeren Sinne nicht sexuell sind (Schmidt 2004, 2012).

Freud (1905) verstand die psychosexuelle Entwicklung als grundlegenden Bestandteil der Persönlichkeitsbildung, die insbesondere aus fünf aufeinanderfolgenden Phasen bestand (orale, anale, phallische, Latenz- und genitale Phase), die jeweils durch eine spezifische Fokussierung der Libido auf unterschiedliche Körperzonen gekennzeichnet sind. Erikson (1950) fokussierte psychosoziale Entwicklungsaufgaben und beschrieb die Adoleszenz als eine Phase intensiver Identitätsbildung, in der vor allem die sexuelle Identität im Zusammenspiel mit sozialen Beziehungen und Rollenerwartungen ausgeformt wird. Havighurst (1972) benannte spezifische Entwicklungsaufgaben der Jugend, z. B. Akzeptanz körperlicher Veränderungen und Vorbereitung auf Geschlechterrollen. Die erfolgreiche Bewältigung der Entwicklungsaufgaben wird verstanden als ein Reifungsprozess, der dazu beiträgt, verantwortungsvolle, intime Beziehungen zu leben.

Einflüsse auf die psychosexuelle Entwicklung ergeben sich wechselseitig durch die körperliche, soziokulturelle und psychische Entwicklung, inklusive kognitiver, sowie Persönlichkeits-, Moral- und Sprachentwicklung, sodass die einzelnen Entwicklungsbereiche und die psychosexuelle Entwicklung nicht voneinander getrennt betrachtet werden können. Beispielsweise wird das lustvolle Ausleben von sexuellen Verhaltensweisen im Entwicklungsverlauf bedingt durch das Bewusstsein für Konventionen und Regeln sowie durch die Internalisierung von Normen. Die Handlungskontrolle wird schließlich auch durch Organismusreaktionen wie Scham- und Schuldgefühle beeinflusst, die wiederum als Monitoringfunktionen verstanden werden können (Hosser et al. 2005). Bezüge hierzu bestehen auch zur sexuellen Selbstbefriedigung (Autosexualität). (Früh-) Kindliche Formen der Selbstbefriedigung erfüllen Funktionen im Bereich von Lustgewinn, Autonomieentwicklung sowie emotionaler Regulation. Im Rahmen der kindlichen Sozialisation wird häufig erworben, dass Selbstbefriedigung ein intimer Akt ist, der nicht in öffentlichen Kontexten ausgeübt wird. Als Entwicklungsherausforderung gilt es im Kontrast hierzu zu internalisieren, dass Selbstbefriedigung frei von Scham- und Schuldgefühlen erlebt werden kann.

Modell der sexuellen Entwicklung

Die psychosexuelle Entwicklung verläuft individuell und kann von den folgenden orientierenden Angaben abweichen. Das hier aufgeführte Modell in Abb. 2.1 versteht die psychosexuelle Entwicklung als fließenden Prozess, daher sei darauf hingewiesen, dass die Übergänge zwischen den angegebenen Altersphasen fließend sind.

Die Individualität der psychosexuellen Entwicklung kann auch über die Angaben zur Menarche und Ejakularche nachvollzogen werden (Tab. 2.2):

Die große Schwankungsbreite der psychosexuellen Entwicklung kann auch in Studien zur Exploration („Doktorspiele") festgestellt werden, die besagen, dass circa 30 bis zu 82,5 % der Menschen im Kindesalter Explorationserfahrungen mit anderen Menschen haben (Larsson und Svedin 2002; Schuhrke 2015; Volbert 2005). Hinsichtlich der körperlichen Entwicklung sei auch auf die Einteilung der Tanner-Stadien hingewiesen (Schneider et al. 2020).

Phasenmodell der nicht heterosexuellen Identitätsentwicklung

Das folgende Modell in Abb. 2.2 zur nicht heterosexuellen Identitätsentwicklung, im weiteren Sinne zur nicht heteronormativen Entwicklung, bietet einen Überblick aus der Perspektive queerer, psychosexueller Entwicklung (Cass 1979, 1984, 1996; Göth und Kohn 2014). Auch im Sinne des Doing Gender kann ebenso für Kinder und Jugendliche abgeleitet werden, welche Herausforderungen sich für die Entwicklung einer sexuellen Identität in Zusammenhang mit der Geschlechtsrolle und einer Geschlechtsidentität ergeben sowie auf welche Weise schließlich die Integration in die Gesamtpersönlichkeit vollzogen werden kann

Frühe Kindheit	Kindheit	Mittlere Kindheit	Jugendalter
• (Biologisches) Geschlecht • Wahrnehmung und Genuss körperlicher Nacktheit • physiologische Reaktionen wie Erektion bei Jungen und Lubrikation bei Mädchen • Wahrnehmung angenehmer Empfindungen im Genitalbereich • selbstinitiierte genitale Erkundung bzw. Selbststimulation • nachahmendes Spiel mit geschlechts-stereotypen Rollen und Verhaltensweisen • Entwicklung eines Selbstgefühls durch adäquate Bindung und emotionale Spiegelung	• Selbststimulation, teilweise mit Erreichen des Orgasmus • Entkleiden in Anwesenheit anderer Personen • Körpererkundung des eigenen Körpers und anderer Kinder • Entwicklung eines Bewusstseins für kulturell geprägte Geschlechterrollen • sexuelle Neugier und Exploration im Kontakt mit Gleichaltrigen oder Geschwistern • Ausdruck kindlicher Sexualität durch Küssen, gegenseitige Stimulation oder Rollenspiele mit sexuellen Inhalten	• Entwicklung der Schambehaarung • Wachstum der primären und sekundären Geschlechtsmerkmale • zunehmendes Bedürfnis nach Intimität und Empfinden von Scham • erste Erfahrungen von Verliebtheit und romantischer Zuneigung • ggf. Einsetzen der Menarche (erste Monatsblutung)	• selbstinitiierte sexuelle Stimulation (Masturbation) • sexuelle Fantasien und Träume • mediales Interesse an Themen rund um Sexualität • Einsetzen pubertärer körperlicher Veränderungen: • ggf. Menarche und Brustentwicklung bei Mädchen • Spermarche und erste Ejakulation (Ejakularche) bei Jungen • nächtliche Samenergüsse • Ausprägung sekundärer Geschlechtsmerkmale • körperliche Annäherung durch Küssen, Streicheleinheiten (Petting) und gegenseitige Stimulation • erste sexuelle Kontakte und Erfahrungen mit Geschlechtsverkehr

Abb. 2.1 Sexuelles Entwicklungsmodell. (Eigene Darstellung; Clauß et al. 2010; Fiedler 2005; Freund und Riedel-Breidenstein 2012; Hellenschmidt 2017; Hinz 2021; Lehmiller 2018; Schuhrke 2015)

Tab. 2.2 Altersangaben zur Menarche und Ejakularche. (Modifiziert nach BZgA 2022; Matthiesen und Dekker 2018; Schuhrke 2015)

Ereignis	Alter	Prozentanteil (%)
Menarche	12 Jahre	52 %
	13 Jahre	84 %
	14 Jahre	12 %
Ejakularche	vor 12 Jahren	36 %
	13 Jahre	31 %
	über 13 Jahre	23 %
	über 17 Jahre	8 %

Abb. 2.2 Modell der nicht heteronormativen Entwicklung. (Eigene Darstellung modifiziert nach Göth und Kohn 2014; Primärquelle: Cass 1979, 1984, 1996)

(Buschmeyer 2018). Neben einer Vorstufe mit Grundannahmen umfasst das Modell sechs weitere Entwicklungsphasen. Diese können in ihrer Dauer variieren. Zudem kann die Entwicklung in jeder Phase stagnieren, weitere Auseinandersetzungen können abgewehrt oder Kompromisse gebildet werden. Regressive Prozesse sind ebenso möglich. Bei fortschreitender Entwicklung findet der Übergang zur nächsten Phase statt.

2.2   Sexuelle Auffälligkeiten

Abhandlungen zu sexuellen Auffälligkeiten bei Kindern und Jugendlichen sind in der psychologischen und psychotherapeutischen Fachliteratur nicht oft vertreten und werden meist orientierend am Spektrum sexueller Störungen bei Erwachsenen erörtert (Meyenburg 2005). Sexuelle Herausforderungen treten jedoch deutlich häufiger in der psychotherapeutischen Praxis jenseits eigenständiger ICD-Diagnose auf. Vielfach sind sexuelle Themen in der Therapie im Rahmen von Entwicklungsaufgaben oder als Symptome nicht vordergründig sexuelle Störungsbilder, z. B. als Thema eines depressiven Störungsbildes oder einer Störung des Sozialverhaltens (Beier und Loewit 2011; Briken und Berner 2013). Auch als unerwünschte Arzneimittelwirkungen („Nebenwirkungen") finden sich sexuelle Themen, z. B. Erektionsstörungen. Die Vergabe mancher Diagnosen schließt sich zudem entwicklungspsychologisch im Kindesalter aus, z. B. die Diagnose einer Pädophilie (Dilling und Freyberger 2019). Im Rahmen der Diagnostik sollte stets die kognitive, emotionale, körperliche und sexuelle Entwicklungsreife berücksichtigt werden. Grundsätzlich ist je nach Störung das zentrale Element der Diagnostik in der Psychosexualität die sexuellen Fantasien. Die Diagnosevergabe einer Prävalenzstörung sollte bei Kindern und Jugendlichen mit besonderer Vorsicht abgewogen werden. Bei 33 % der im Mittel 15,4 Jahre alten Jugendlichen war gemäß einer Studie die sexuelle Präferenz auf das vor- und/oder frühpubertäre Körperschema ausgerichtet (Schlinzig et al. 2021).

In der ICD-10 (10. Version der Internationalen statistischen Klassifikation der Krankheiten und verwandter Gesundheitsprobleme) sind im Kapitel der Störungen mit prototypischem Beginn in der Kindheit und Jugend (F9) keine explizit sexuellen Störungen aufgeführt. Daraus kann geschlussfolgert werden, dass keine sexuelle Störung einen spezifischen Beginn im Kindes- und Jugendalter aufweist. Für die ICD-11 und das DSM-5 (fünfte Auflage des Diagnostic and Statistical Manual of Mental Disorders) gilt dies äquivalent (Falkai und Wittchen 2015; WHO 2023). Im Rahmen der ICD-11 werden unter dem Kap. 17 „Conditions related to sexual health" (Bedingungen im Zusammenhang mit der sexuellen Gesundheit) verschiedene Aspekte sexueller Gesundheit klassifiziert, darunter sexuelle Funktionsstörungen, Störungen der sexuellen Präferenz sowie geschlechtliche Inkongruenz, wobei die Überarbeitung eine entpathologisierende und menschenrechtsorientierte Perspektive verfolgt (BfArM, 28.04.2025).

Ein weiterer Grund dafür, warum seltener Diagnosen zu sexuellen Auffälligkeiten im Kindes- und Jugendalter vergeben werden, kann auch darin gesehen werden, dass Patient:innen vor den negativen Konsequenzen von Diagnostiker:innen geschützt werden sollen. Vermeintliche Stigmatisierungen, Scham oder versicherungsrechtliche Konsequenzen werden somit vermieden. Zudem werden manche Probleme in den Rahmen der psychosexuellen Entwicklung verortet, die über die therapeutische Begleitung im Sinne von Entwicklungsmeilensteinen erlangt werden sollen.

Prävalenz

Häufigkeitsangaben zu sexuellen Problemen oder Prävalenzangaben zu sexuellen Störungen im Kindes- und Jugendalter sind selten publiziert (Tab. 3.1). Es kann ein Mangel an bevölkerungsweiten Daten festgestellt werden. Auch stehen entsprechende wissenschaftliche Erhebungen zu diesen sensiblen Daten vor Hemmschwellen aufseiten der „Proband:innen" bzw. deren Sorgeberechtigten sowie vor forschungsethischen und -rechtlichen Herausforderungen. Die Aussagekraft der bestehenden Daten muss daher mit Vorsicht interpretiert werden, um insbesondere die Aussagen hinsichtlich deren Generalisierbarkeit nicht überzustrapazieren und Grenzen bzgl. der Diversität zu berücksichtigen.

Hinsichtlich sexuell grenzverletzenden Verhaltens kann zwischen dem Erleben und dem Verhalten von Grenzverletzungen unterschieden werden (Tab. 3.2).

Stang, Köllner und Weiss (in press) zeigen auf, dass im Mittel 15 % der Eltern von mindestens einem sexual- oder geschlechtsbezogenen Problem bei ihrem Kind berichteten: 6 % zu Geschlechtsidentität, 8 % zu unangemessenem Sexualverhalten, 4 % zu allgemeinen Sexualproblemen (Mehrfachantworten). Diese Probleme wurden besonders häufig in der Gruppe von Kindern (39 %) angegeben, die sich in psychiatrischer Behandlung befanden, gefolgt von der Gruppe an Kindern, die sich in Psychotherapie befanden (21 %), und schließlich der Kontrollgruppe (13 %). Spezifische psychische Störungen sind mit Herausforderungen und Problemen der Geschlechtsidentität oder Sexualität assoziiert. Autismus-Spektrum-Störungen scheinen zu einem gewissen Grad mit Herausforderungen der Geschlechtsidentität in Zusammenhang zu stehen (r = ,26), ADHS, Zwangsstörungen und Entwicklungsstörungen eher mit unangemessenem Sexualverhalten (r = ,30) und Depressionen und Störungen des Sozialverhaltens mit allgemeinen Sexualproblemen (r = ,24). Insgesamt hatten 25 % der Kinder mit einer psychischen Störung in der Studie von Stang und Ondrejtschak

Tab. 3.1 Häufigkeit sexueller Probleme im Kindes- und Jugendalter. (Eigene Darstellung)

Aspekt	Befund/Häufigkeit	Studie
Allgemeine Prävalenz sexueller Störungen (KJP)	Mädchen: 9 % Jungen: 1,5 %	Pomeroy et al. 1981
Typische Ausprägungen	Jungen: aggressive sexuelle Übergriffe Mädchen: exzessive Masturbation	Pomeroy et al. 1981
Mindestprävalenz sexueller Auffälligkeiten	Kinder: 2,0 % Jugendliche: 2,3 %	Meyenburg 2005, 2013
Sexuelle Funktionsstörungen (Kinder und Jugendliche)	sehr selten	Meyenburg 2005
Störungen der Sexualpräferenz (Kinder und Jugendliche)	etwas häufiger	Meyenburg 2005
Klinisch relevante Störungen männlicher Jugendlicher	Fetischismus, Transvestitismus, ich-dystone Homosexualität, Hypersexualität, pädophile Akzentuierung, Exhibitionismus	Meyenburg 2005
Klinisch relevante Störungen weiblicher Jugendlicher	Sexuelle Reifungskrisen, ich-dystone Sexualorientierung, sexuelle Beziehungsstörungen	Meyenburg 2005
Riskantes Sexualverhalten in der Adoleszenz	gelegentlich beobachtbar	Anderson et al. 2017
Diagnoseentwicklung im stationären Bereich (2000–2022)	Gesamtanstieg von 69 (2000) auf 155 (2022) Diagnosen im sexuellen und geschlechtlichen Spektrum	Stang et al. 2024
ICD-10: F52 – Sexuelle Funktionsstörungen	Rückgang der Diagnosehäufigkeit seit 2000	Stang et al. 2024
ICD-10: F65 – Störungen der Sexualpräferenz	Rückgang der Diagnosehäufigkeit seit 2000	Stang et al. 2024
ICD-10: F64 – Störungen der Geschlechtsidentität	kontinuierlicher Anstieg	Stang et al. 2024
ICD-10: F66 – Psychische und Verhaltensstörungen i. Z. m. sexueller Entwicklung	schwankende Häufigkeit ohne klaren Trend	Stang et al. 2024

Tab. 3.2 Häufigkeit sexuell grenzverletzenden Erlebens und Verhaltens bei Jugendlichen. (Eigene Darstellung)

Stichprobe/Kontext	Befund/Häufigkeit	Anmerkung	Studie
Polizeistatistik Deutschland (2002)	Jede:r 5. Tatverdächtige unter 21 Jahren in Sexualdelikten	Sekundärdaten Polizei	Elz (2004)
$N = 6.628$ Schüler:innen (Schweiz, 9. Klasse, Ø 15,5 Jahre)	7,1 % Jungen und 1,2 % Mädchen gaben an, sexuelle Nötigung begangen zu haben	Selbstberichtsdaten	Aebi et al. (2015)
Literaturüberblick zu Jugendstudien	Jugendliche häufiger Opfer sexualisierter Gewalt durch Gleichaltrige als durch Erwachsene	keine konkrete Prozentzahl	Maschke & Stecher (2018)
$N = 3.132$ (Panelstudie)	75 % berichteten elterliche Gewalt, häufigster Zeitraum: 13–15 Jahre	Gewalt allgemein, nicht ausschließlich sexualisiert	Bentrup (2020)
$N = 4.955$	2,1 %: erzwungener Sex vor dem 14. Lebensjahr 7,5 %: erzwungene sexuelle Berührung	konkrete Altersgrenze vor 14	Brunner et al. (2021)
$N = 2.513$ (nur 91 im Alter 14–18 Jahre)	5 % der Jugendlichen berichteten sexuelle Gewalt	Untergrenze, da geringe Jugend-Stichprobe	Allroggen et al. (2016)
$N = 6.628$ Schüler:innen	9,9 % berichteten kontaktsexuellen Missbrauch 5 % Jungen, 15.2 % Mädchen	Schweiz, differenziert nach Geschlecht	Aebi et al. (2015) (zweite Angabe)
$N = 159$ (deutsche Erwachsene, urban, 18–69 Jahre)	18,2 % gaben an, als Kind oder im jugendlichen Alter sexualisierte Gewalt erlebt zu haben	rückblickende Erhebung	Hoell et al. (2022)

(accepted) auch sexual- oder geschlechtsbezogene Auffälligkeiten. Kinder mit weiblichem Zuweisungsgeschlecht hatten häufiger Probleme im Kontext der Geschlechtsidentität und Jungen häufiger Probleme im Sinne unangemessenen Sexualverhaltens.

Ätiologie

4

Psychodynamische, sozialpsychologische, lerntheoretische, kognitive, systemische und humanistische Erklärungsansätze liefern jeweils theoretische Grundlagen und Ansatzpunkte zur ätiologischen Erklärung von Problemen und Störungen im Bereich der Sexualität.

Sexuelle Probleme bei Kindern und Jugendlichen können häufig in die psychosexuelle Entwicklung eingeordnet werden, deren Meilensteine es zu bewältigen gilt. Manchen sexuellen Problemen bzw. deren zugrunde liegenden Herausforderungen oder Funktionen kommt daher oft die Qualität einer Entwicklungsaufgabe zu. Werden sexuelle Probleme jedoch als psychische Störung eingeordnet, kann deren Entstehung ganz allgemein über Modelle, wie z. B. das Vulnerabilitäts-Stress-Modell, und spezifische ätiologische Modelle, wie z. B. das Verstärker-Verlust-Modell, hergeleitet werden (Hoyer und Knappe 2020; Lewinsohn 1974). Ein multimodales Bedingungsmodell mit biologischen (z. B. genetische Vulnerabilität), psychologischen (z. B. Temperament- und Charaktereigenschaften der Persönlichkeit) und sozialen Faktoren (z. B. Modelle) – inklusive soziokultureller und sozioökonomischer – kann als Goldstandard für die Ätiologie verstanden werden. In eine integrative, diversitätssensible und multifaktorielle Beschreibung prädisponierender, auslösender und aufrechterhaltender Bedingungen können z. B. auch Belastungsfaktoren des Minderheitenstressmodells einbezogen werden (Hartig et al. 2022; Meyer 2003; Plöderl et al. 2006; Sattler 2018; Stang und Wüchner-Fuchs 2024; Timmermanns 2023). Auch Life Events, z. B. Tod eines Angehörigen, sexueller Missbrauch oder andere Formen von Gewalterfahrungen, können als Risikofaktoren in Erklärungsansätze für sexuelle (Verhalts-)Problemen angeführt werden (Schulte et al. 2021; Silovsky und Niec 2002).

Zudem können je nach Problem auch spezifischere Erklärungsfaktoren herangezogen werden: z. B. das I-PACE-Modell für die hypersexuelle Störung (Markert et al. 2022).

Spezifische sexualtherapeutische Diagnostik

5

5.1 Sexualanamnese

Die Sexualanamnese stellt das zentrale Element der Diagnostik dar. Grundsätzlich gibt es keine allgemeingültigen Angaben, ab welchem Alter eine Sexualanamnese erhoben werden kann. Prinzipiell können bereits ab dem Kindesalter ausgewählte Elemente zur Erhebung einer Sexualanamnese angewandt werden. Die Erhebung einer Sexualanamnese, die annäherungsweise der des Erwachsenenalters entspricht, kann je nach Entwicklungsstand in etwa um das 13. Lebensjahr vorgenommen werden (z. B. Ahlers et al. 2004, 2008).

Um Informationen im Kontext der Sexualität zu erheben, sollte eine psychologische Gesprächsführung mit motivierenden Techniken angewandt werden, die auf eine vertrauensvolle Beziehung und kommunikative Öffnung beim Gegenüber abzielt. Dabei können beispielsweise folgende Aspekte einbezogen werden:

Förderliche Aspekte zur Erhebung der Sexualanamnese
- Ziel des Beziehungsaufbaus: Förderung eines stabilen Beziehungskredits und Aufbau einer tragfähigen therapeutischen Allianz
- Verzicht auf suggestive bzw. manipulative Kommunikationsstrategien zur Wahrung der Autonomie
- Anwendung offener Fragetechniken zur Förderung selbstreflektierter Antworten
- Verwendung eines an den sprachlichen Entwicklungsstand der Patient:innen angepassten, adäquaten Vokabulars

- Begriffe und Konzepte durch die Patient:innen selbst definieren lassen zur Sicherung der subjektiven Bedeutung
- Einführung zentraler Begriffe erst nach deren spontaner Nennung durch die Patient:innen zur Erhöhung der Anschlussfähigkeit

Zur Erhebung der Sexualanamnese gibt es verschiedene Instrumente und Modelle sowie Angaben zur Struktur und zum Inhalt, mit denen für das Kindes- und Jugendalter entwicklungsadäquate Bereiche erfasst werden können (Bosinski 2008; Rösing und Loewit 2014; Rösing und Loewit 2021). Beispielhaft wird auf folgende Modelle eingegangen:

Die *Sexualmedizinische Allgemein-Anamnese (SAA)* nach Ahlers et al. (2004) dient der systematischen Erfassung des körperlich-biomedizinischen Gesundheitszustands als Grundlage für die sexualmedizinische Diagnostik. Da körperliche Gesundheitsfaktoren in engem Zusammenhang mit der sexuellen Funktion stehen, erfolgt diese Erhebung vor der psychodiagnostischen Exploration. Die SAA umfasst unter anderem die Aktualanamnese, vegetative Beschwerden (z. B. Appetit, Schlaf, Verdauung, Allergien), eine Medikamenten- und Substanzanamnese sowie die Erfassung relevanter Vorerkrankungen (z. B. internistische, infektiologische oder orthopädische Befunde). Zusätzlich werden ggf. urologische und/oder gynäkologische Aspekte berücksichtigt. Das *SEX-MED-5×3-Modell* (Ahlers et al. 2004) ergänzt die strukturierte Sexualanamnese durch ein kategoriales System zur Erfassung zentraler sexualmedizinischer Grunddimensionen. Es gliedert sich in fünf Dimensionen: (1) die biologischen, psychologischen und soziologischen Grundlagen; (2) die funktionalen Dimensionen von Lust, Reproduktion und Beziehung; (3) die Achsen sexueller Präferenzstruktur (sexuelle Orientierung, Ausrichtung und Neigung [Modus und Typus]); (4) die Ebenen sexuellen Erlebens (Selbstkonzept, Fantasie, Verhalten); sowie (5) die Formen sexueller Interaktion (Masturbation, extragenitale und genitale Stimulation).

Im Folgenden werden Beispielfragen einer sexualtherapeutischen Exploration von Kindern und Jugendlichen genannt:

Beispielfragen für Explorationsgespräche zur Erhebung der Sexualanamnese

- Weißt du, warum wir uns heute treffen?
- Wer ist dir besonders wichtig?
- Wie nennst du diese Körperteile? (Medieneinsatz: Bild eines Körpers als Comic-Zeichnung)
- Hast du so was schon mal gemacht?
- Was machst du gerne mit anderen zusammen?
- Hast du schon mal gesehen, wie jemand so was gemacht hat?
- Was findest du besonders schön, wenn du mit jemandem zusammen bist?
- Hat schon mal jemand so was mit dir gemacht?
- Hat dir mal jemand wehgetan? Kannst du mir sagen, wie? Wo?
- Hast du schon mal darüber nachgedacht, wie Babys in den Bauch kommen?
- Hast du einen Namen für den Teil deines Körpers zwischen den Beinen?
- Hast du schon mal gesehen, wenn jemand keine Kleidung anhatte?
- Wer war das? Wo?
- Und was ist danach passiert?

- Was denkst du: Was ist Liebe?
- Weißt du, was „Sex" bedeutet?
- Erzählst du mir bitte noch ein bisschen mehr dazu?
- Hat dir schon mal jemand erklärt, wie das mit Körper und Liebe funktioniert? Wer war das?
- Ist da vielleicht noch etwas passiert, worüber du erzählen möchtest?
- Gab es mal etwas mit jemandem, das sich besonders komisch oder irgendwie neu angefühlt hat? Was war das?
- Hast du schon mal so einen Film gesehen, wo Menschen nackt sind und sich anfassen?
- Meinst du, dass …? Stimmt das so?
- Hast du schon mal mit jemandem über das Thema Körper oder Liebe gesprochen? Mit wem denn?
- Ist mal etwas passiert, das dir nicht gefallen hat oder das du nicht wolltest?
- Gibt es noch etwas, das du mir sagen möchtest?

Besonders sensitiv muss z. B. bei der Exploration sexueller Aktivitäten, wie der Masturbation, Masturbationsfantasien, der Verwendung von Hilfsmitteln („Sexspielzeugen") oder Missbrauchserfahrungen, vorgegangen werden. Hier ist insbesondere darauf zu achten, dass bereits ein grundlegendes Vertrauen und ein ausreichender Beziehungskredit aufgebaut wurden. Im Sinne eines Transparenzgebots sollte der Sinn und Zweck der Exploration der Sexualanamnese aufgezeigt und das Einvernehmen des Gegenübers eingeholt werden.

5.2   Analysen und Testverfahren

Neben der grundlegenden explorativen (Sexual-)Anamnese sowie ggf. der Familienanamnese werden häufig spezifische Funktions-, Bedürfnis-, Motivations- und Verhaltensanalysen durchgeführt. Im kinder- und jugendlichenpsychotherapeutischen Kontext wird anders als im Erwachsenenalter öfters neben den Eigen- auch mit Fremdbefunden, wie u. a. die Fremdanamnese der Sorgeberechtigten, gearbeitet. Im Rahmen der Diagnostik sexualbezogener Fragestellungen bei Jugendlichen können sowohl klinische Interviews als auch spezifisch entwickelte Fragebögen herangezogen werden. Zu den etablierten Instrumenten zählen u. a. das *Estimate of Risk of Adolescent Sexual Offense Recidivism* (ERASOR; Worling und Curwen 2001), das *Juvenile Sex Offender Assessment Protocol II* (J-SOAP-II; Prentky und Righthand 2003) sowie das *Multiphasic Sex Inventory für Jugendliche* (MSI-J; Gruber et al. 2003).

Der ERASOR und das J-SOAP-II wurden für die Anwendung bei männlichen Jugendlichen im Alter zwischen 12 und 18 Jahren konzipiert, die bereits sexuell übergriffiges Verhalten gezeigt haben. Während der ERASOR primär auf die Einschätzung des Risikos erneuter sexualdelinquenter Handlungen fokussiert ist, zielt das J-SOAP-II auf eine breitere Risikoanalyse, die sowohl sexuelle als auch nicht sexuelle Delinquenz einbezieht.

Der ERASOR basiert auf 25 Risikofaktoren, die in fünf Kategorien unterteilt sind: (1) sexuelle Interessen, Einstellungen und Verhaltensweisen, (2) Vorgeschichte sexueller Übergriffe, (3) psychosoziale Faktoren, (4) familiäres bzw. umweltbezogenes Funktionsniveau sowie (5) Behandlungsverlauf (Worling und Curwen 2001).

Das J-SOAP-II differenziert zwischen statischen und dynamischen Risikofaktoren. Erstere werden über die Skalen „tatbezogene Items/Sexualität" und „impulsives-antisoziales Verhalten" erfasst, während Letztere durch die Skalen „behandlungsbezogene Items" sowie „Stabilität im Lebensumfeld/Anpassung" abgebildet werden (Prentky und Righthand 2003).

Das normierte *MSI-J* richtet sich an männliche Jugendliche im Alter zwischen 14 und 18 Jahren und erhebt insbesondere sexuelle Präferenzen sowie weitere psychosexuelle Merkmale (Gruber et al. 2003). Neben Validitätsskalen beinhaltet das Instrument Dimensionen zur sexuellen Devianz und zu atypischen sexuellen Verhaltensweisen sowie zusätzliche Skalen zur sexuellen Biografie, zu sexuellen Funktionsstörungen, zur Beziehungsfähigkeit, zum sexualbezogenen Wissen sowie zu entsprechenden Überzeugungen.

Allgemeine psychometrische Verfahren enthalten nur selten Items, die Sexualität explizit adressieren (vgl. Döpfner et al. 2014). Eine Ausnahme stellt die frühere Version der *Child Behavior Checklist* (CBCL; Achenbach 1991) dar, aus der mithilfe von sechs Items (Nr. 5, 59, 60, 73, 96, 110) eine sogenannte „Sex Problems Scale" entwickelt werden konnte (Cohen und Mannarino 1988; Einbender und Friedrich 1989; Friedrich et al. 1992; Letourneau et al. 2008; Pithers et al. 1998; Silovsky und Niec 2002). Es ist jedoch zu beachten, dass im Rahmen der Revision der CBCL relevante sexualitätsbezogene Items entfernt wurden (Döpfner et al. 2014).

Für englischsprachige Kontexte sind zudem das *Child Sexual Behavior Inventory* (CSBI; Friedrich et al. 2001) sowie das *Adolescent Clinical Sexual Behaviors Inventory* (ASBI; Friedrich et al. 2004) als differenzierte Erhebungsinstrumente zu nennen.

Kritisch reflektiert werden sollte grundsätzlich der Einsatz testpsychologischer Instrumente und dessen Mehrwert, bzw. Vorteile, versus Nachteile im Sexualitätskontext bei Kindern und Jugendlichen sowie die Anwendung binärer Geschlechtsnormen bei gender-queeren Menschen.

Zur Beurteilung, ob eine Entwicklung altersgerecht oder auffällig ist, müssen alle erhobenen Befunde gemeinsam betrachtet werden (Schuhrke 2012). Dabei können zur Orientierung sechs Kriterien herangezogen werden, die im Zusammenhang mit der individuellen Lebenssituation stehen: Abweichungen von (1) der Idealnorm, (2) der statistischen Norm, (3) den soziokulturellen Normen, (4) der funktionellen Norm, (5) der subjektiven Norm sowie (6) das klinisch relevante Erleben von Leidensdruck (Berking und Rief 2012; Kenny und Wurtele 2013; Sigusch 2007).

Behandlung 6

Während die Behandlung von Problemen aus dem Spektrum der Sexualität im Kinder- und Jugendalter große Parallelen zum Erwachsenenalter zeigt, liegen bei dieser Altersgruppe häufig Themen oder Problemlagen vor, ohne dass diagnostische Störungskriterien nosologischer Systeme (z. B. ICD und DSM) erfüllt sind. Grundlegend sei zur Orientierung der Therapie auf das *Sieben-Phasen-Modell* (Kanfer et al. 2012) und das *PLISSIT-Modell* verwiesen (Annon 1983). Das Akronym PLISSIT steht dabei für **P**ermission (Erlaubnis), **L**imited **I**nformation (bedarfsorientierte Information), **S**pecific **S**uggestions (spezifische Vorschläge) sowie **I**ntensive **T**herapy (intensive Therapie) und bietet einen Rahmen für die therapeutische Sitzungsfokussierung.

6.1 Allgemeine Aspekte

Störungsübergreifend wird für die therapeutische Arbeit im Kindes- und Jugendalter im Kontext von Sexualität auf folgende grundlegende Aspekte verwiesen:

- listening to stories – aktives Zuhören
- Motivationsarbeit (Therapie- und Veränderungsmotivation)
- Beziehungsaufbau
- Auftragsklärung
- Psychoedukation mit multimodalem Bedingungsmodell, Funktions- und Verhaltensanalysen
- sexuelle Bildungsarbeit

- Validierung des subjektiven Erlebens und Leidens
- Analyse und Modifikation von Interaktionsdynamik und -zyklen
- Ressourcenarbeit
- veränderungsorientierte und zielorientierte Interventionen
- lessons learned – Reflexion des Erkenntnisgewinns

Für die sexuelle Bildungsarbeit sind folgende Elemente besonders relevant (Schmidt und Sielert 2013; Stang und Ondrejtschak accepted; Voss 2023):

1. Bedeutung und Funktionen von Sexualität
2. Bedürfnisse und Gefühle in Zusammenhang mit Sexualität
3. Empfängnisverhütung und Safer Sex
4. Hygieneregeln für die Selbstbefriedigung/Autosexualität: (a) Zeit nehmen, (b) ungestörter, abschließbarer Ort (nicht in der Öffentlichkeit), (c) ohne pornografisches Material, (d) Spielen mit muskulärer An- und Entspannung, (e) vorher und danach Hände und Intimbereich waschen
5. Hygieneregeln für Pornografiekonsum (falls Patient:in pornografisches Material konsumiert): (a) szenisches Schauen, (b) wenige Medien/Tapps, (c) bewusster Konsum ohne Ablenkung, (d) regelmäßige Medienabstinenz (Autosexualität ohne Medienkonsum)

Zu 1.: (Hyper-)sexuelles Verhalten kann auch als emotionale Regulationsstrategie eingesetzt werden. Es gilt Wissen und Kompetenzen auszubauen, z. B. emotionale Regulationsstrategien.

Zu 2.: Im Kontext von Liebe wird auch von ersten Beziehungserfahrungen berichtet. Insbesondere bei Erfahrungen mit Betrogen- und Verlassenwerden ist es wichtig, einen funktionalen Umgang zu erarbeiten.

Zu 3.: Sexuelle Bildungsarbeit sollte auch im Diversitätskontext, z. B. Kultur, Behinderung, Queerness etc., u. a. die Empfängnisverhütung und Safer Sex berücksichtigen.

Zu 4.: Vor allem im Kontext von motorischen oder kognitiven Einschränkungen gilt es, alltagspraktische Hygieneregeln mit Jugendlichen und jungen Erwachsenen zu besprechen; hierzu gehören neben der körperlichen Hygiene auch Psychohygiene sowie präventive Aspekte, z. B. Händewaschen, Reflexion der Selbstbefriedigung als Einschlafritual, „schöne" Gedanken, Gleitgel.

Zu 5.: Gespräche über den Konsum pornografischer Inhalte und deren Bedeutung auch im Kontext der Psychohygiene bewegen sich bei jungen Menschen im Spannungsfeld zwischen rechtlichen Rahmenbedingungen und der tatsächlichen Lebensrealität. Zwar ist der Konsum pornografischer Medien in der Bundesrepublik Deutschland gesetzlich erst ab dem vollendeten 18. Lebensjahr gestattet, empirisch zeigt sich jedoch, dass viele Jugendliche bereits deutlich früher mit pornografischen Inhalten in Kontakt kommen (Matthiesen und Dekker 2018). In diesem Kontext stellt die Auseinandersetzung mit ethischen Werten und menschenrechtlichen Prinzipien sowie der Reflexion über die Strukturen der Pornografie-Industrie einen bedeutsamen Entwicklungsschritt dar. Diese Auseinandersetzung kann als ein Element der Persönlichkeitsentwicklung und der sexuellen Selbstbestimmung Jugendlicher begriffen werden, das therapeutisch begleitet werden kann.

Häufig gehören zur sexuellen Bildungsarbeit auch Themen sexueller Mythen, wie. z. B. Penislänge, Dauer des Verkehrs, Aussehen von Schamlippen etc. Das Vorgehen orientiert sich immer auch an der Therapiemotivation und den Therapiezielen. Mögliche Ziele können (störungsbildabhängig) sein (Stang und Ondrejtschak accepted):

- Steigerung der Lebenszufriedenheit und Lebensqualität
- Förderung einer befriedigenden und selbstbestimmten Sexualität
- Reduzierung des subjektiven Leidensdrucks
- Aufbau und Förderung legalen sexuellen Verhaltens
- Entwicklung eines unvoreingenommenen und reflektierten Bewusstseins
- Optimierung sexueller Funktionen und Steigerung sexueller Zufriedenheit
- Stärkung von Selbstakzeptanz, Selbstwertgefühl und Selbstsicherheit
- Bewältigung von Scham- und Schuldgefühlen sowie ggf. internalisierter Negativität
- Unterstützung bei der Identitätsentwicklung, auch der sexuellen und geschlechtlichen Identität
- Reflexion und Aufarbeitung sexueller Erfahrungen und möglicher Konflikte
- Begleitung und Unterstützung im Coming-out-Prozess
- Hilfe bei der Bewältigung familiärer und partnerschaftlicher Konflikte
- Aufarbeitung der Auswirkungen negativer Reaktionen durch andere
- Abbau phobischer Reaktionen infolge negativer Konditionierung

- Reduktion unwillkürlicher, schützender Anspannungsreaktionen
- Behandlung spezifischer Symptomatiken sowie der auslösenden und aufrechterhaltenden Faktoren

Materialien zur sexualtherapeutischen Arbeit mit Kindern und Jugendlichen
Der Einsatz von Materialien und Medien in die therapeutische Arbeit mit Kindern und Jugendlichen kann einerseits ein erlebnisorientiertes Setting schaffen und andererseits können Inhalte ergänzend zur mündlichen Kommunikation visualisiert werden. Als Materialien kommt eine Vielzahl infrage, z. B. Material zur kreativen Arbeit (u. a. Stifte, Papier) oder allgemeine kinder- und jugendtherapeutische Materialien (u. a. Puppenhaus, Therapiespiele) oder spezifische Materialien im Kontext der Sexualität (u. a. anatomische Modelle, Bilderkarten, Aufklärungssets und Methodenboxen, [Bilder-]Bücher, Comics und Filme; z. B. Aktion Jugendschutz Bayern e. V. 2017; BZgA 02.03.2023; Pro Familia 2012; Stang und Ondrejtschak accepted).

Modelle
Zur Veranschaulichung von anatomischen Gegebenheiten eignen sich didaktisch aufbereitete Modelle von Vulva, Vagina und Penis. Diese bestehen je nach Anbieter aus verschiedenen Materialien wie Holz oder Silikon und ermöglichen anschauliche Darstellungen für den Einsatz in der sexualpädagogischen Bildung
Bilderkarten
Bildmaterialien, wie Karten mit Fotografien unterschiedlicher Körperformen, Geschlechterdarstellungen und Alltagssituationen, bieten die Möglichkeit zur Reflexion über Körpervielfalt, Selbstbild und gesellschaftliche Normen. Sie fördern Gespräche über Akzeptanz, Diversität und Identität
Bücher
Eine Vielzahl an Kinder- und Jugendbüchern widmet sich Themen wie Aufklärung, Gefühle, Körperwissen, Grenzen, Familienformen, sexuelle Vielfalt und Kinderschutz. Dazu gehören erzählende Geschichten, Frage-Antwort-Bücher und bebilderte Sachbücher, die altersgerecht unterschiedliche Aspekte von Sexualität und emotionaler Entwicklung aufgreifen

Methodenboxen

Pädagogische Materialien in Form von Methodenboxen bieten Anleitungen und Anregungen für die praktische Arbeit zu Themen wie sexuelle Selbstbestimmung, Grenzachtung und Beziehungsfähigkeit. Sie enthalten meist Karten, Übungen und Leitfäden zur Gestaltung interaktiver Lernsituationen

Broschüren und Comics

In Broschüren und Comics werden Aspekte der Sexualaufklärung, Lust, Körperveränderungen und Selbstwahrnehmung in erzählerischer und visuell ansprechender Form vermittelt. Sie richten sich vorrangig an Kinder und Jugendliche und unterstützen eine niedrigschwellige Auseinandersetzung mit dem Thema

Filme

Aufklärungsfilme zu Themen wie Sexualität, Liebe und Beziehung bieten audiovisuelle Zugänge für die Bildungsarbeit mit Jugendlichen. Sie greifen Fragen aus der Lebenswelt junger Menschen auf und ermöglichen Diskussionen im pädagogischen Kontext

Die Therapie im Kindes- und Jugendalter orientiert sich z. T. an der Therapie mit Erwachsenen und wird methodisch und technisch an das jeweilige Entwicklungsalter angepasst. Daher sollte zu den folgenden Behandlungshinweisen spezifischer sexueller Problembereiche die einschlägige Fachliteratur beachtet werden (z. B. Beier und Loewit 2004; Beier und Loewit 2011; Fliegel 2022; Hartmann 2018). Modifiziert können viele Therapiemethoden des Erwachsenenalters auch mit Jugendlichen durchgeführt werden. Zusammen mit Supervisor:innen kann auf dieser Grundlage das konkrete methodische und technische Vorgehen an das Entwicklungsalter des Einzelfalls in der Kinder- und Jugendlichenpsychotherapie adaptiert werden.

6.2 Spezifische Aspekte

6.2.1 Sexuelle Funktionsstörungen

Sexuelle Funktionsstörungen kommen als Vorstellungsanlass im Jugendalter seltener vor als im Erwachsenenalter. Die therapeutische Vorgehensweise orientiert sich im Wesentlichen an etablierten Methoden und Techniken des Erwachsenenalters und wird durch den Einsatz altersadäquater Interventionen an die spezifischen Bedürfnisse jüngerer Klient:innen angepasst (Stang und Ondrejtschak accepted). Eine solche altersgerechte Adaptation umfasst neben der Verwendung einer entwicklungsangemessenen Sprache und Sprechweise auch die Berücksichtigung relevanter entwicklungspsychologischer Themen. Es kann sinnvoll sein, auf Aspekte wie Körperhygiene oder fehlende Erfahrung mit partnerschaftlichen Beziehungen einzugehen. Selbsterfahrungsübungen für den häuslichen Kontext sollten in besonders sensibler Weise als Einladung und Möglichkeiten formuliert werden, um eine freiwillige und akzeptierende Auseinandersetzung zu fördern.

Beispiel

- Marie, 17 J., Schülerin, in fester Beziehung; berichtet von Schmerzen beim Versuch, den Geschlechtsverkehr mit ihrem Freund zu vollziehen; bisher keinen penetrativen Geschlechtsverkehr ohne Schmerzen; Verlassensängste „Wenn es nicht klappt …"
- Stefan, 17 J., Abiturient, keine feste Partnerschaft, wiederkehrende Erektionsprobleme in sexuellen Situationen, Leistungsdruck, Unsicherheit und Scham ◄

Essenziell waren in der Therapie des ersten Fallbeispiels die Bearbeitung negativer Kognitionen und Grundüberzeugungen sowie sexuelle Bildungsarbeit zum Ausgleich von Wissensdefiziten. Auch in Therapien mit anderen Jugendlichen und jungen Erwachsenen begegnen den Verfasser:innen des vorliegenden Beitrags immer wieder Fragen nach der (idealen/optimalen) Größe des Penis/ der Vulvalippen, dem Aussehen genitaler Regionen oder der Dauer und Durchführung spezifischer sexueller Praktiken. Für die Therapie mit Jugendlichen und jungen Erwachsenen sind insbesondere Wissensdefizite oder Erwartungsangst, Vergleiche mit Anderen und das Bedürfnis nach Bindung (dazuzugehören) entwicklungsspezifische Aspekte der psychotherapeutischen Arbeit.

Im Verlauf der Therapie des zweiten Fallbeispiels wurde Stefan zunächst bzgl. des Leidensdrucks validiert und es wurde gemeinsam eine Kommunikation erarbeitet, mit der sicher über Sexualität gesprochen werden konnte. Soziale Unsicherheit und die Angst vor negativer Bewertung standen dabei deutlich im Vordergrund. Durch die gemeinsame Reflexion von Einflussfaktoren wie sozialen Medien und Pornografie gewann Stefan mehr Klarheit über unrealistische Erwartungen. Er lernte, den Aufmerksamkeitsfokus von der wertenden Metaebene hin zur achtsamen Wahrnehmung des eigenen Körpers zu verlagern. Dies stärkte sein Selbstwertgefühl und half ihm, mit mehr Vertrauen in sexuelle Situationen zu

gehen. Zudem wurden unterschiedliche Übungen verschiedener Entspannungsverfahren durchgeführt. In sexuellen Selbsterfahrungsübungen in seinem Jugend-
zimmer gelang ihm der Transfer, bei der Selbstbefriedigung sich auf sich, seinen
Körper und seine sexuelle Lust zu fokussieren.

6.2.2 Hypersexuelles Verhalten

Hypersexuelles Verhalten manifestiert sich im Kindes- und Jugendalter häufig als
Vorstellungsanlass durch ausgeprägte Formen autoerotischer Aktivitäten (Selbstbefriedigung), insbesondere in Form exzessiver Masturbation und/oder über-
mäßigen Konsums pornografischer Medien. Im Fall exzessiver Masturbation ist
dabei nicht primär die Frequenz ausschlaggebend, sondern vielmehr das Auf-
treten in inadäquaten Kontexten (z. B. in öffentlichen oder unpassenden Situationen) sowie das Vorliegen negativer Konsequenzen, etwa in Form somatischer
Beeinträchtigungen (z. B. Gewebeschädigungen), oder die Vernachlässigung all-
täglicher Verpflichtungen (Kafka 2010).

Im Rahmen der therapeutischen Behandlung exzessiven autoerotischen Verhaltens lassen sich verschiedene Interventionsbausteine identifizieren, die
sich an entwicklungspsychologischen, sexualpädagogischen und verhaltens-
therapeutischen Prinzipien orientieren. Hierzu zählen vor allem psychoedukative
Maßnahmen zur Wissensvermittlung über Sexualität im Allgemeinen sowie über
Techniken der Selbstbefriedigung bzw. Autosexualität im Besonderen. Darüber
hinaus nehmen die Förderung sozialer Kompetenzen sowie der Erwerb emotionaler Regulationsstrategien einen zentralen Stellenwert ein. Weitere relevante
Interventionsansätze betreffen das Management von Langeweile als potenziellem
Auslöser des Verhaltens, Maßnahmen der Reaktionskontrolle sowie der Stimuluskontrolle – beispielsweise durch Modifikation körpernaher Reize (etwa Nutzung
anders geschnittener Unterwäsche zur Reduktion mechanischer Reibung). Ergänzend sind Strategien des Selbst- und Sicherheitsmanagements zu implemen-
tieren, ebenso wie vertraglich vereinbarte Regeln (Contract Management), die
einen strukturierten und klar definierten Rahmen bieten – etwa durch die Fest-
legung privater Rückzugsorte und die gezielte Einbindung relevanter Bezugspersonen. Weitere therapeutische Elemente können in beratenden Gesprächen,
beruhigenden Interventionen zur Entkatastrophisierung sowie in der Einbindung
von Co-Therapeut:innen bestehen, etwa im Sinne operanter Verfahren zur Ver-
haltensmodifikation (Charita und Kristina 2008). Im Kontext exzessiven Konsums pornografischer Inhalte ist insbesondere die Art und Weise der Nutzung

von zentraler Bedeutung, vor allem bei vulnerablen Subgruppen mit erhöhter Disposition (Matthiesen und Dekker 2018). Rechtlich ist die Verbreitung pornografischer Inhalte an Minderjährige gemäß § 184 StGB strafbar. Die empirische Lebenswelt Jugendlicher zeigt jedoch, dass der internetbasierte Pornografiekonsum für viele zum Alltag gehört und dabei häufig klassische pornografische Printmedien ersetzt (Matthiesen und Dekker 2018). Zur Unterstützung eines verantwortungsvollen Umgangs können (psycho-)hygienische Empfehlungen in therapeutische Gespräche integriert werden.

Beispiel

- Amelie, 9 J., Pflegekind, Grundschule, stimuliert sich auf einem münzbetriebenen Pferd (Karussell) sowie auf dem Fußballplatz mit dem Ball durch wippende Beckenbewegungen auf dem jeweiligen Gegenstand, bis Flush/Gesichtsrötung sowie Hyperventilationsreaktion
- Ole, 17 J., Auszubildender Installateur, sexuelle Internetaffären; häufige Masturbation (2–3 × tgl.), Pornografiekonsum (1–2 h tgl.), „keine Kontrolle mehr", starker Beziehungswunsch. Selbstdiagnose „Pornoabhängigkeit" ◄

Im oben beschriebenen ersten Fallbeispiel war von grundlegender Bedeutung, die Funktion des gezeigten Verhaltens im Familiensystem zu verstehen. Das Verhalten der Patientin konnte dabei als Versuch verstanden werden, einer Unterstimulierung entgegenzuwirken. Insbesondere stellte die mangelnde Aufmerksamkeit der Pflegeeltern für das Mädchen eine Situation dar, in der sie Selbststimulation als Lösungsversuch einsetzte. Therapeutisch wurde in Verbindung mit der Einbindung in familiäre Alltagsaktivitäten und Stimuluskontrolle die Familiendynamik optimiert.

Entwicklungsspezifisch wurde im zweiten Fallbeispiel ein Detektivbogen zur Selbstbeobachtung der exzessiven Masturbation im Sinne des Selbstmanagementansatzes genutzt (Döpfner et al. 2019). Hierüber konnte reflektiert werden, dass diese vor allem als emotionale Regulationsstrategie erlebt wurde. Daher erfolgte ein Ausbau alternativer emotionaler Regulationsstrategien, inklusive des differenzierten Auswählens und Einsetzens von neuen Regulationsstrategien. Über geleitetes Entdecken wurde deutlich, dass der Pornografiekonsum als maladaptive Bewältigungsstrategie zur Flucht aus der realen Lebenswelt eingesetzt wurde. Durch den Einsatz achtsamkeitsbasierter Trainingsmethoden konnte eine stärkere Präsenz im gegenwärtigen Erleben („Hier und Jetzt") gefördert werden.

6.2.3 Sexuelle Orientierung

Das „Gesetz zum Schutz vor Konversionsbehandlungen" (KonvBehSchG) ver-
bietet in Deutschland Konversionsbehandlung von sexuellen Orientierungen an
Kindern und Jugendlichen. Bei Erwachsenen steht eine Konversionsbehandlung
ebenso unter Strafe, wenn diese nicht wirksam in die Behandlung eingewilligt
haben. Sämtliche sexuelle Orientierungen (nicht Präferenzen) gelten sowohl in
der ICD-11 als auch im DSM-5 als sexuelle Normvarianten (APA 2000; Fiedler 2005). Therapien, die sich mit der sexuellen Orientierung auseinandersetzen,
sollten affirmativ ausgerichtet sein (Wolf et al. 2015). Sie befassen sich z. B. mit
Akzeptanz der sexuellen Orientierung, Erarbeitung von Ich-Syntonie und Identität (Synthese), Abbau von (internalisierter) Negativität und dysfunktionalen Be-
wertungen, Arbeit mit Scham- und Schuldgefühlen, Abbau von und Umgang mit
Minoritätenstress, Diskriminierung und Gewalt (Günther et al. 2021; Stang und
Schleider 2018; Wolf und Meyer 2017). Dabei werden u. a. folgende therapeutische Methoden und Techniken genutzt:

- Psychoedukation und Wissensvermittlung
- Klärung
- Baseline
- Elemente der ACT (Akzeptanz- und Commitment-Therapie)
- kognitive Umstrukturierung
- Beachtung häuslicher und kultureller Aspekte (ggf. Bezugspersonen-
  arbeit)
- Problemlöse- und soziales Kompetenztraining für Alltagssituationen
- Ausbau des sozialen Netzwerks
- Vermittlung an Kulturzentrum für sexuelle Diversität (LGBTQIA + -Ver-
  eine)
- Körperarbeit
- euthyme Methoden
- Entspannungsverfahren
- soziale und emotionale Kompetenzen
- mentales Üben
- Imaginationen
- Ressourcenarbeit
- Verhaltensexperimente

Beispiel

- Alex, 17 J., russischer Herkunft, Auszubildender IT-Systemkaufmann; schambesetzte homoerotische Fantasien; Wunsch: „hetero" zu sein
- Jonas, 14 J., Schüler, berichtet von „Verwirrung" bei der sexuellen Orientierung, nachdem er sich in einen Mitschüler verliebt habe; seine Freunde würden abwertend über „Schwule" sprechen. In der Familie ist das Thema tabu ◄

Bei dem Fallbeispiel der ich-dystonen Homosexualität war zentral, die negative Grundüberzeugung aufgrund internalisierter Homonegativität in Verbindung mit Glaubenssätzen zu bearbeiten. Die kulturelle Herkunft wurde kultursensibel in diesem Kontext in therapeutischen Dialogen thematisiert. Besonders profitierte Alex von der Auseinandersetzung mit seinem männlichen Ideal-Selbst und den zugehörigen heteronormativen Grundannahmen.

In der therapeutischen Arbeit mit Jonas lag der Fokus zunächst auf der Stärkung seiner Selbstakzeptanz, wobei seine persönlichen Ressourcen und positiven Erfahrungen hervorgehoben wurden. Durch altersgerechte Psychoedukation zu sexueller Orientierung und Vielfalt konnte Jonas ein differenzierteres Verständnis entwickeln und eigene Gefühle besser einordnen. Zudem wurde gemeinsam über potenzielle Diskriminierungsszenarien gesprochen und Strategien entwickelt, wie er damit umgehen könnte. Hierzu wurden auch Elemente des Selbstsicherheitstrainings herangezogen. In einem weiteren Schritt setzte sich Jonas mit der Frage auseinander, ob und wann ein Coming-out für ihn persönlich stimmig und sicher wäre.

6.2.4 Präferenzakzentuierungen

Der Begriff der sexuellen Präferenzakzentuierung wird hier verwendet, da aufgrund der psychosexuellen Entwicklung noch keine fixierte Präferenz ausgebildet ist und der Begriff der Präferenzstörung nur bei besonders ausgeprägten Störungsbildern verwendet wird. Die Therapie im Jugendalter orientiert sich an therapeutischen Aspekten des Erwachsenenalters und wendet altersadäquate Methoden an.

Beispiel

- Manuel, 16 J., Auszubildender Maurer, Beziehung zu 16-j. weiblichen Jugendlichen; aktives partnerschaftliches Sexualleben; konsumiere regelmäßig Erwachsenen-Pornografie sowie Kindesmissbrauchsabbildungen; er habe die Sorge, pädophil zu sein
- Ludwig, 14 J., Schüler, nutze Windeln zur Selbstbefriedigung während des Einkotens; schmiere mit dem Kot rum und verstecke die Windeln in Schubladen; Komorbidität: Autismus-Spektrum-Störung ◀

Ein zentraler Bestandteil der therapeutischen Intervention in den dargestellten Fallbeispielen war nach Abschluss der diagnostischen Phase die Psychoedukation. In diesem Rahmen setzten sich die Patienten vertieft mit ihrer sexuellen Präferenz auseinander und erhielten umfassende Informationen über bestehende Behandlungsansätze. Manuel profitierte insbesondere von der Selbstbeobachtung im Rahmen des Selbstmanagementansatzes sowie dem Aufbau legalen Medienkonsums. Ludwig konnte sich spürbar ab dem Zeitpunkt auf die therapeutische Arbeit einlassen, als für ihn deutlich wurde, dass das Ziel der Therapie nicht in einer Konversion seiner sexuellen Präferenz bestand. Vielmehr lag der Fokus auf Aspekten wie Akzeptanz, Selbstmanagement und der Entwicklung adäquater Strategien zur psychosexuellen und körperlichen Hygiene. Für das soziale Umfeld war eine intensive therapeutische Unterstützung erforderlich, um den Wunsch Ludwigs, seine sexuelle Präferenz nicht verändern zu wollen, nachvollziehen und akzeptieren zu können.

6.2.5 Menschen, die sexuell grenzverletzende Verhaltensweisen gezeigt haben

Sexuell grenzverletzendes Verhalten bei Kindern und Jugendlichen manifestiert sich in vielfältigen Formen, die sowohl kontaktlose (hands-off) als auch kontaktbezogene (hands-on) Handlungen umfassen können. Hierzu zählen unter anderem das Zurschaustellen von Nacktheit (z. B. Exhibitionismus), das Verbreiten oder Konsumieren sexualisierter Medien (etwa Darstellungen sexuellen Missbrauchs oder pornografische Inhalte) sowie sexuelle Verhaltensweisen in digitalen Kontexten, wie Online-/Cyber-Mobbing, -Bullying, -Grooming, aber auch explizite Aufforderungen unangemessener Berührungen bis hin zu sexuellen Übergriffen wie Vergewaltigung.

Die therapeutische Arbeit mit Minderjährigen, die derartige Verhaltensweisen zeigen, erfordert in der Regel ein multimodales Behandlungskonzept. Im Zentrum steht hierbei der Schutz potenzieller (Re-)Victimisierung, also jener Personen, die bereits von sexualisierter Gewalt betroffen waren oder zukünftig gefährdet sein könnten. Besteht ein erhöhtes Rückfallrisiko, ist die Entwicklung eines individuell abgestimmten Schutz- und Sicherheitskonzepts unabdingbar, um weitere Übergriffe zu verhindern. Dies kann strukturelle Maßnahmen erfordern, etwa eine zeitweise räumliche Trennung durch stationär-psychiatrische Aufnahme, Inobhutnahme gemäß Kinder- und Jugendhilfegesetz, Untersuchungshaft oder andere geeignete Formen der Unterbringung.

Parallel dazu ist der Aufbau eines tragfähigen multiprofessionellen Unterstützungssystems essenziell. Dabei sollte eine kontinuierliche Einbindung des familiären und sozialen Umfeldes – insbesondere schulischer Strukturen – erfolgen. Die Einbeziehung relevanter Bezugspersonen ist ebenso notwendig wie die Förderung und Stärkung elterlicher bzw. erzieherischer Handlungskompetenz innerhalb des erweiterten Helfersystems.

Das Sicherheits- und Schutzkonzept umfasst nach der initialen Gefahrenabwehr weiterführende Maßnahmen, die je nach individuellem Bedarf ambulant, teilstationär oder stationär umgesetzt werden können (Hoffmann et al. 2021). In diesem Rahmen kommen sowohl Leistungen der Kinder- und Jugendhilfe als auch psychiatrische und/oder psychotherapeutische Interventionen zum Tragen. Für die Auswahl geeigneter spezialisierter Einrichtungen kann auf die entsprechenden Einrichtungslisten der Deutschen Gesellschaft für Prävention und Intervention bei Kindesmisshandlung und -vernachlässigung (DGfPI) verwiesen werden.

Im psychotherapeutischen Setting sind – in Anlehnung an die Arbeiten von Mielke (2009) und Siewering (2015) – insbesondere folgende inhaltliche Schwerpunkte zu berücksichtigen:

- Bearbeitung der Therapiemotivation und Veränderungsmotivation
- Deliktarbeit: Wissensaufbau, Empathie, Konsequenzen etc.
- personenbezogene Arbeit: Impuls- und Handlungskontrolle, emotionale und soziale Kompetenzen, Ressourcenarbeit, Selbstwahrnehmung, legale und selbstbestimmte Sexualität etc.
- Strategien zur Rückfallprävention und soziales Netzwerk
- therapeutische Haltung: Person vs. Verhalten, Schuld vs. Verantwortung

Im Kontext kann auch exemplarisch auf folgende Manuale verwiesen werden: BEDIT-A (Beier 2018), BMJS 12/21 (Mielke 2009), ForTiS (Best et al. 2015) etc.

In der Rückfallprävention kommen auch bei Jugendlichen unterschiedliche Modelle aus der Arbeit mit Erwachsenen zur Anwendung, die sowohl risikoorientierte als auch ressourcenorientierte Ansätze integrieren. Die *Relapse Prevention Therapy* (RPT) beispielsweise betrachtet Rückfälle als graduellen Prozess und zielt auf die frühzeitige Identifikation von Warnsignalen ab. Dabei werden kognitive Strategien, Entspannungsverfahren sowie Verhaltensregeln (z. B. „sei ehrlich", „bitte um Hilfe") kombiniert, um Rückfällen präventiv zu begegnen (Melemis 2015). Das *Risk-Need-Responsivity*-Modell (RNR) strukturiert Interventionen auf Basis des individuellen Rückfallrisikos, kriminogener Bedürfnisse und kognitiver Lernvoraussetzungen (Bonta und Andrews 2007). Das *Good Lives Model* (GLM) und dessen erweiterte Form, das *Good Lives Model – Comprehensive* (GLM-C), gehen davon aus, dass alle Menschen fundamentale Lebensziele („Primary Goods") wie Autonomie, Zugehörigkeit oder Kompetenz anstreben (Ward und Gannon 2006). Straftaten gelten hierbei als dysfunktionale Versuche, diese Bedürfnisse bei Ressourcenmangel zu realisieren. Das GLM-C fordert daher eine therapeutische Ausrichtung, die nicht nur Risiken mindert, sondern auch positive Lebensperspektiven fördert.

Beispiel

- Max, 15 J., Schüler, Vorwurf des sexuellen Missbrauchs an seiner 11-jährigen Cousine: Finger in Vagina eingeführt
- Paul, 8 J., Schüler, in Schule anderen Kindern wiederholt in den Intimbereich gegriffen ◄

Bei Max erfolgte die therapeutische Intervention in Anlehnung an das BMJS 12/21 (Mielke 2009). Ein zentraler Bestandteil der Behandlung war die Rekonstruktion des sogenannten „Tat-Szenarios", also die narrative Aufarbeitung der sexuellen Übergriffe. Dieser Prozess wurde im Rahmen einer Kleingruppe (Gruppentherapie) vertieft, wobei insbesondere die Konfrontation mit dem eigenen Verhalten und dessen Reflexion im Vordergrund standen. Durch diese therapeutische Auseinandersetzung konnte Max seine Handlungsspielräume erweitern, frühzeitig individuelle Risikosignale identifizieren und Strategien des Selbstmanagements sowie der Impuls- und Handlungskontrolle entwickeln. Dies ermöglichte ihm, seine Sexualität in legaler und sozial verträglicher Weise zu leben.

Im therapeutischen Prozess bei Paul lag der Schwerpunkt auf sexualpädagogischen Inhalten, insbesondere der Vermittlung von Wissen über körperliche und emotionale Grenzen anhand von Metaphern und Therapiegeschichten.
Ergänzend wurden soziale Kompetenzen gezielt gefördert sowie methodisch-me-
taphorische Zugänge – beispielsweise mit Geschichten zu Körpergrenzen oder
dem Konzept „gute und schlechte Geheimnisse" – genutzt. Der Einbezug der
Eltern spielte eine zentrale Rolle: Im Rahmen der Elternarbeit konnte der Er-
ziehungsstil entwickelt und gefestigt werden, der durch konsistente, zwischen
beiden Elternteilen abgestimmte Regeln sowie eine wertschätzende und zugleich
konsequente Interaktion geprägt war.

6.2.6   Menschen, die sexuelle Gewalt erfahren haben

Grundlegend bei der Gesprächsführung und Behandlung ist die vertrauensvolle
therapeutische Beziehung. Fokussiert werden sollte, dass die Patient:innen in der
Vergangenheit schwerwiegende Ausnutzung eines Abhängigkeitsverhältnisses
intra- oder extrafamiliär erlebt haben. Differentialdiagnostisch gilt zu klären,
ob grundsätzlich eine psychische Störung vorliegt. Da es kein spezifisches Ver-
haltenssyndrom bei Menschen gibt, die sexuell grenzverletzendes Verhalten erlebt
haben, wurde in der Vergangenheit fälschlicherweise bei sogenanntem „sexuali-
siertem Verhalten" von Kindern auf einen vorausgegangenen sexuellen Übergriff
geschlossen (Fegert et al. 2015; Fliegel 2022; Friedrich 1991; Kendall-Tackett
et al. 1993; Långström et al. 2002; Volbert 2010). Missbrauchsfolgen sind in vie-
len Fällen symptomatisch unspezifisch und es kann von keinem einzelnen Sym-
ptom per se auf einen erlebten Missbrauch geschlossen werden (Einbender und
Friedrich 1989; Kendall-Tackett et al. 1993; Volbert 2010). Als körperliche Symptome sexueller Gewalt konnte in einer Befragung weiblicher Neuntklässler:innen
(N = 323) mit 3,2 % Genitalläsionen, mit 2,7 % Genitalausfluss und mit 1,4 %
sexuelle Dysfunktionen festgestellt werden (Worku et al. 2006). In der bereits genannten Schweizer Studie berichteten 41 männliche (23,7 %) bzw. 22 weibliche
(4,5 %) Proband:innen, die sexuellen Kontaktmissbrauch erlebt hatten, von eige-
nem zwanghaften Sexualverhalten (Aebi et al. 2015). Wesentlich bei der Therapie
ist, dass in der Akutphase des sexuellen Übergriffs Sicherheit und Distanzierung
hergestellt werden, d. h., dass eine Trennung zu dem Menschen stattfindet, der die
sexuelle Gewalt ausgeübt hat. Der Aufbau eines sensibilisierten, fürsorglichen,
sozialen Netzwerks kann Unterstützung bieten. Es erfolgt eine altersadäquate
Psychoedukation und Stabilisierung des vom Delikt betroffenen Menschen. Im
weiteren Verlauf gilt es, diesen Menschen zu beobachten und zu eruieren, ob sich

eine psychische Störung entwickelt. Psychotherapie ist daher nicht per se indiziert. Eine anonyme Beratung kann bei (fraglicher) Kindeswohlgefährdung bei einer „Insoweit erfahrenen Fachkraft" (§ 8a und § 8b SGB VII) beispielsweise über den Allgemeinen Sozialdienst (ASD) des örtlichen Jugendamts erfolgen. Bei einer (geplanten) Gerichtsverhandlung sollte supportiv und kompetenzaufbauend gearbeitet werden und keine Narrativarbeit stattfinden, um die Aussagetüchtigkeit, Glaubwürdigkeit und Erlebnisbasiertheit der Aussage nicht zu gefährden und Fehlerquellen zu minimieren. Supervision, kollegiale Beratung oder Anbindung an spezialisierte Beratungsstellen, z. B. Kinderschutzbund oder Wildwasser, sind zielführend. Zu spezifischen Psychotherapien sei auch auf Goldbeck, Allroggen, Münzer, Rassenhofer und Fegert (2017) sowie Cloitre, Cohen und Koenen (2014) verwiesen.

Sexuelle Gewalterfahrungen sind ein Risikofaktor für Sexualstraftaten (Aebi et al. 2015; Schulte et al. 2021). Sexuell übergriffiges Verhalten von Kindern und Jugendlichen, die selbst sexuell übergriffiges Verhalten erlebt haben, sollte zum einen präventiv – inklusive der Einschätzung von Risikofaktoren, z. B. moderne Medientechnologien oder Viktimisierungserfahrungen – und zum anderen therapeutisch begegnet werden (Aebi et al. 2015). Das Erleben von sexueller Gewalt gilt als Risikofaktor für sexuelle Verhaltensauffälligkeiten, sexuelles Risikoverhalten, Prostitution, Teenagerschwangerschaften oder Veränderung von sexuellen Einstellungen und Überzeugungen (Schulte et al. 2021).

Beispiel

- Katrin, 9 J., der Vater habe beim Duschen ihr den Finger rektal eingeführt und dies der Mutter gegenüber als sexuellen Überschwang dargestellt
- Felix, 16 J., berichtete der Schulpsychologin, in Kindheit von einem älteren Cousin „komische Sachen erlebt" zu haben, „über die er nicht sprechen kann". Scham, Rückzug, Schwierigkeiten beim Aufbau von Vertrauen ◄

Mit Katrin wurde in Anlehnung an die Strukturierte Trauma-Intervention (Weinberg 2013) eine Trauma-Exposition durchgeführt. Das Auseinandersetzen mit dem visualisierten Trauma-Narrativ als Filmrolle und das Konfrontieren mit allen Sinnesmodalitäten ermöglichten ihr schließlich, das Erlebte als vergangen zu akzeptieren und ins episodische Gedächtnis ihrer Biografie zu integrieren. Familientherapeutische Schwerpunkte sowie die therapeutische Anbindung des Vaters und die juristische Beratung der Mutter waren von zentraler Bedeutung für den therapeutischen Prozess.

Bei Felix stand zu Beginn der Therapie die Schaffung von Sicherheit und Stabilität im Vordergrund. Felix wirkte anfangs zurückhaltend, brachte aber nach und nach ambivalente Gefühle wie Scham, Schuld und Neugier zum Ausdruck, die in der Therapie wertfrei benannt und angenommen werden konnten. Die Therapeutin erklärte ihm einfühlsam die Schweigepflicht und wies auch auf mögliche Ausnahmen im Rahmen des Schutzauftrags hin, um Klarheit und Vertrauen zu schaffen. Durch einfache Körperwahrnehmungsübungen lernte Felix, sich selbst besser zu spüren und erste Formen der Selbstsicherheit zurückzugewinnen. Allmählich gelang es ihm, über das Erlebte in seiner Vergangenheit zu sprechen. Gemeinsam wurden über Ressourcenarbeit mögliche Bewältigungsstrategien erarbeitet und über kognitive Techniken Narrativarbeit durchgeführt.

Sonstige Problembereiche

7

Neben den bereits exemplarisch genannten sexuellen Themen können vielzählige weitere sexuelle Beispiele aus der Kinder- und Jugendlichenpsychotherapie benannt werden: z. B. sadomasochistische Präferenz, sozial erlebter Druck bzgl. des ersten Geschlechtsverkehrs, exhibieren, Gegenstände in Harnröhre einführen (im Rahmen einer Psychose), Sorge vor unhygienischem Analverkehr, Scham aufgrund eigener intimer Fotos im Internet, Waschzwang, Zwangsgedanken, wie durch Spermapartikel in der Öffentlichkeit schwanger zu werden.

Bezugspersonenarbeit

8

Für die Arbeit mit Bezugspersonen gilt es, methodisch transparent vorzugehen und gleichzeitig die Schweigepflicht einzuhalten. Sexuelle Grundüberzeugungen von Kindern und Jugendlichen können in Spannungsverhältnissen zu denen der Sorgeberechtigten stehen. Ein verdecktes (Aus-)Leben kann im Einzelfall eines stark begrenzenden Erziehungsstils hinsichtlich der individuellen Sexualität von Kindern und Jugendlichen als mögliche Strategie reflektiert werden. Psychoedukation stellt ein zentrales Instrument in der Bezugspersonenarbeit dar, insbesondere im Hinblick auf die Förderung von Erziehungskompetenz und die Vermittlung grundlegender Konzepte sexueller Selbstbestimmung. Dabei ist vorab sorgfältig zu klären, ob und in welchem Rahmen psychoedukative Inhalte im Beisein der Patient:innen oder in separaten Sitzungen vermittelt werden sollen – ebenso wie die Ausgrenzung vertraulicher Themen, die jeweils nicht zur Diskussion stehen dürfen. Fragen der sexuellen Selbstbestimmung sollten auch in multiperspektivischen Settings, etwa im Rahmen von Bezugspersonenstunden oder Runden Tischen, ausdrücklich thematisiert werden (Clausen und Herrath 2013; Stang und Wüchner-Fuchs 2024).

Was Sie aus diesem *essential* mitnehmen können:

- Sexualität ist auch in der Kinder- und Jugendlichenpsychotherapie ein zentrales Thema, wird aber in der Praxis häufig vermieden oder tabuisiert – obwohl sie ein bedeutsamer Teil der Entwicklung ist.
- Die psychosexuelle Entwicklung sollte in Diagnostik und Therapie häufiger berücksichtigt werden.
- Professionelle therapeutische Arbeit erfordert thematische Gesprächsangebote zu Sexualität und Geschlecht – auch bei jüngeren Patient:innen.
- Gesprächstechniken (z. B. klientenzentrierte oder motivierende Gesprächsführung) sowie unterstützende Materialien und Medien sind zentral in der themenspezifischen Arbeit.
- Sexualtherapeutische Diagnostik und Interventionen müssen auf das Entwicklungsalter abgestimmt und sensibel eingesetzt werden.
- Auch die Arbeit mit Bezugspersonen kann die Möglichkeit bieten, aufzuklären, zu entlasten und einen entwicklungsfördernden Umgang mit dem Thema Sexualität zu ermöglichen.

Literatur

Achenbach, T. M. (1991). *Manual for the Child Behavioral Checklist and 1991 Profile.* University of Vermont Department of Psychiatry.

Aebi, M., Landolt, M. A., Mueller-Pfeiffer, C., Schnyder, U., Maier, T., & Mohler-Kuo, M. (2015). Testing the „Sexually Abused-Abuser Hypothesis" in adolescents: A population-based study. *Archives of Sexual Behavior, 44*(8), 2189–2199. https://doi.org/10.1007/s10508-014-0440-x.

Ahlers, C., Neutze, J., Mundt, I., Hupp, E., Konrad, A., Beier, K., & Schaefer, G. (2008). Erhebungsinstrumente in der klinischen Sexualforschung und der sexualmedizinischen Praxis – Teil II. *Sexuologie, 15(3–4)*, 82–103. https://www.sexuologie-info.de/pdf/Bd.15_2008_2.pdf.

Ahlers, C., Schaefer, G. A., & Beier, K. M. (2004). Erhebungsinstrumente in der klinischen Sexualforschung und der sexualmedizinischen Praxis – Ein Überblick über die Fragebogenentwicklung in Sexualwissenschaft und Sexualmedizin. *Sexuologie, 11*(3–4), 74–97. https://www.sexuologie-info.de/pdf/Bd.11_2004_2.pdf.

Aktion Jugendschutz Bayern e. V. (2017). *Sex und Liebe – Methodenbox zu sexueller Selbstbestimmung und Wahrung von Grenzen.* aj-praxis.

Allroggen, M., Rassenhofer, M., Witt, A., Plener, P. L., Brähler, E., & Fegert, J. M. (2016). Prävalenz sexueller Gewalt. Ergebnisse einer bevölkerungsrepräsentativen Stichprobe. *Deutsches Ärzteblatt, 113*(7), 107–113.

Anderson, S. L., Zheng, Y., & McMahon, R. J. (2017). Predicting risky sexual behavior: The unique and interactive roles of childhood conduct disorder symptoms and callous-unemotional traits. *Journal of Abnormal Child Psychology, 45*(6), 1147–1156. https://doi.org/10.1007/s10802-016-0221-1.

Annon, J. S. (1983). PLISSIT-Modell. In R. J. Corsini (Hrsg.), *Handbuch der Psychotherapie.* Beltz.

APA. Commission on Psychotherapy by Psychiatrists. (2000). Position statement on therapies focused on attempts to change sexual orientation (reparative or conversion therapies). *American Journal of Psychiatry, 157,* 1719–1721.

Beier, K. M. (2018). *Pädophilie, Hebephilie und sexueller Kindesmissbrauch: Die Berliner Dissexualitätstherapie.* Springer.

Beier, K., & Loewit, K. (2004). *Lust in Beziehung. Einführung in die Syndyastische Sexualtherapie.* Springer.

Beier, K., & Loewit, K. (2011). *Praxisleitfaden Sexualmedizin. Von der Theorie zur Therapie.* Springer.

Bentrup, C. (2020). Gewaltsame Erziehung und ihre Folgen im Altersverlauf. *Monatsschrift für Kriminologie und Strafrechtsreform, 103*(2), 97–120. https://doi.org/10.1515/mks-2020-2042.

Berking, M., & Rief, W. (2012). *Klinische Psychologie und Psychotherapie für Bachelor. Band I: Grundlagen und Störungswissen.* Springer. https://doi.org/10.1007/978-3-642-16974-8.

Best, T., Aebi, M., & Bessler, C. (2015). *Forensisches Therapieprogramm für junge Straftäter. Das ForTiS-Manual.* Hogrefe.

BfArM – Bundesinstitut für Arzneimittel und Medizinprodukte. (2025, 28. April). *ICD-11 in Deutsch – Entwurfsfassung.* https://www.bfarm.de/DE/Kodiersysteme/Klassifikationen/ICD/ICD-11/uebersetzung/_node.html.

Bonta, J., & Andrews, D. A. (2007). *Risk-Need-Responsivity Model for offender assessment and rehabilitation.* Public Safety Canada. https://www.researchgate.net/profile/James-Bonta-3/publication/310747116_Risk-Need-Responsivity_Model_for_Offender_Assessment_and_Rehabilitation/links/5b9415a64585153a530abd1c/Risk-Need-Responsivity-Model-for-Offender-Assessment-and-Rehabilitation.pdf?_tp=eyJjb250ZXh0Ijp7ImZpcnN0UGFnZSI6InB1YmxpY2F0aW9uIiwicGFnZSI6InB1YmxpY2F0aW9uIn19.

Bosinski, H. A. G. (2008). Leitfaden für die Sexualanamnese: Brechen Sie das Eis mit sachlichen Fragen. *MMW – Fortschritte der Medizin, 150*(8), 27–31. https://www.sexualmedizin-kiel.de/ANL4.pdf.

Briken, P., & Berner, M. (Hrsg.). (2013). *Praxisbuch Sexuelle Störungen.* Thieme.

Brunner, F., Tozdan, S., Klein, V., Dekker, A., & Briken, P. (2021). Lebenszeitprävalenz des Erlebens von Sex und sexueller Berührung gegen den eigenen Willen sowie Zusammenhänge mit gesundheitsbezogenen Faktoren. *Bundesgesundheitsblatt, 64,* 1339–1354. https://doi.org/10.1007/s00103-021-03434-6.

Buschmeyer, A. (2018). Sexualität und Gender im Kinder- und Jugendalter. In A. Lange, H. Reiter, S. Schutter, & C. Steiner (Hrsg.), *Handbuch Kindheits- und Jugendsoziologie* (S. 393–406). Springer.

BZgA – Bundeszentrale für gesundheitliche Aufklärung. (2022). *Jugendsexualität 9. Welle: Sexualaufklärung, die erste Regelblutung und der erste Samenerguss.* https://shop.bioeg.de/pdf/13316317.pdf.

BZgA – Bundeszentrale für gesundheitliche Aufklärung (2023, 2. März). *Rolfi geht auf's Ganze ...* https://shop.bioeg.de/pdf/70480000.pdf.

Cass, V. C. (1979). Homosexual identity formation: A theoretical model. *Journal of Homosexuality, 4,* 219–235.

Cass, V. C. (1984). Homosexual identity formation: Testing a theoretical model. *The Journal of Sex Research, 20*(2), 143–167.

Cass, V. C. (1996). Sexual orientation identity formation. A western phenomenon. In R. P. Cabaj, & T. S. Stein (Hrsg.), *Textbook of homosexuality and mental health* (S. 227–251). American Psychiatric Press.

Charita, M., & Kristina, C. (2008). Practical approach to childhood masturbation: A review. *European Journal of Pediatrics, 167*(10), 1111–1117.

Clausen, J., & Herrath, F. (Hrsg.). (2013). *Heil- und Sonderpädagogik. Sexualität leben ohne Behinderung: Das Menschenrecht auf sexuelle Selbstbestimmung.* Kohlhammer.

Clauß, M., Karle, M., Günter, M., & Barth, G. (2010). *Sexuelle Entwicklung – sexuelle Gewalt: Grundlagen forensischer Begutachtung von Kindern und Jugendlichen* (2., überarbeitete Aufl.). Pabst Science Publishers.

Clement, U. (2006). *Guter Sex trotz Liebe. Wege aus der verkehrsberuhigten Zone.* Ullstein.

Cloitre, M., Cohen, L., & Koenen, K. (2014). *Sexueller Missbrauch und Misshandlungen in der Kindheit.* Hogrefe.

Cohen, J. A., & Mannarino, A. P. (1988). Psychological symptoms in sexually abused girls. *Child Abuse and Neglect, 12,* 571–577. https://doi.org/10.1016/0145-2134(88)90074-9.

Dilling, H., & Freyberger, H. (2019). *Taschenführer zur ICD-10-Klassifikation psychischer Störungen* (9. Aufl.). Huber.

Döpfner, M., Plück, J., & Kinnen, C. (2014). *CBCL/6-18R, TRF/6-18R, YSR/11-18R. Deutsche Schulalter-Formen der Child Behavior Checklist von Thomas M. Achenbach.* Hogrefe.

Döpfner, M., Schürmann, S., & Frölich, J. (2019). *Therapieprogramm für Kinder mit hyperkinetischem und oppositionellem Problemverhalten. THOP* (6. Aufl.). Beltz.

Einbender, A. J., & Friedrich, W. N. (1989). Psychological functioning and behavior of sexually abused girls. *Journal of Consulting and Clinical Psychology, 57*(1), 155–157. https://doi.org/10.1037/0022-006X.57.1.155.

Elz, J. (2004). Sexuell deviante junge Menschen – zum Forschungsstand. *IKK-Nachrichten, 1–2,* 2–6. https://www.dji.de/fileadmin/user_upload/bibs/ikknachrichten6.pdf.

Erikson, E. H. (1950). *Childhood and society.* W. W. Norton & Company. https://doi.org/10.1086/223903.

Falkai, P., & Wittchen, H.-U. (Hrsg.). (2015). *Diagnostisches und Statistisches Manual Psychischer Störungen: DSM-5.* Hogrefe.

Fegert, J., Hoffmann, U., König, E., Niehues, J., & Liebhardt, H. (Hrsg.). (2015). *Sexueller Missbrauch von Kindern und Jugendlichen: Ein Handbuch zur Prävention und Intervention für Fachkräfte im medizinischen, psychotherapeutischen und pädagogischen Bereich.* Springer.

Fiedler, P. (2005). Die Entwicklung von Sexualität und Geschlechtsidentität. In F. Resch, & M. Schulte-Markwort (Hrsg.), *Kursbuch für integrative Kinder- und Jugendpsychotherapie. Schwerpunkt: Sexualität* (S. 18–34). Beltz.

Fliegel, S. (2022). *Unsere Sexualitäten: Teil 1: Basics – Probleme – Lösungen. Teil 2: Sexualtherapeutische Schätze.* dgvt-Verlag.

Freud, S. (1905). *Drei Abhandlungen zur Sexualtheorie.* Franz Deuticke.

Freund, U., & Riedel-Breidenstein, D. (2012). *Sexuelle Übergriffe unter Kindern: Handbuch zur Prävention und Intervision* (2. Aufl.). Mebel & Noack.

Friedrich, W. N. (1991). Sexual behavior in sexually abused children. *New directions for mental health services, 51,* 15–27. https://doi.org/10.1002/yd.23319915104.

Friedrich, W. N., Fisher, J. L., Dittner, C. A., Acton, R., Berliner, L., Butler, J., Damon, L., Davies, W. H., Gray, A., & Wright, J. (2001). Child Sexual Behavior Inventory: Normative, psychiatric, and sexual abuse comparisons. *Child Maltreatment, 6*(1), 37–49. https://doi.org/10.1177/1077559501006001004.

Friedrich, W. N., Grambsch, P., Damon, L., Hewitt, S. K., Koverola, C., Lang, R. A., Wolfe, V., & Broughton, D. (1992). Child Sexual Behavior Inventory: Normative and clinical comparisons. *Psychological Assessment, 4*(3), 303–311. https://doi.org/10.1037/1040-3590.4.3.303.

Friedrich, W. N., Lysne, M., Sim, L., & Shamos, S. (2004). Assessing sexual behavior in high-risk adolescents with the Adolescent Clinical Sexual Behavior Inventory (ACSBI). *Child Maltreatment, 9*(3), 239–250. https://doi.org/10.1177/1077559504266907.

Goldbeck, L., Allroggen, M., Münzer, A., Rassenhofer, M., & Fegert, J. M. (2017). *Sexueller Missbrauch* (Leitfaden Kinder- und Jugendpsychotherapie, Bd. 21). Hogrefe.

Göth, M., & Kohn, R. (2014). *Sexuelle Orientierung in Psychotherapie und Beratung.* Springer.

Gruber, T., Waschlewski, S., & Deegener, G. (2003). *MSI-J. Multiphasic Sex Inventory für Jugendliche: Fragebogen zur Erfassung psychosexueller Merkmale bei jugendlichen Straftätern.* Hogrefe.

Günther, M., Teren, K., & Wolf, G. (2021). *Psychotherapeutische Arbeit mit trans* Personen: Handbuch für die Gesundheitsversorgung (2. Aufl.). Ernst Reinhardt.

Hartig, A., Voss, C., Herrmann, L., Fahrenkrug, S., Bindt, C., & Becker-Hebly, I. (2022). Suicidal and nonsuicidal self-harming thoughts and behaviors in clinically referred children and adolescents with gender dysphoria. *Clinical Child Psychology and Psychiatry, 27*(3), 716–729. https://doi.org/10.1177/13591045211073941.

Hartmann, U. (2018). *Sexualtherapie: Ein neuer Weg in Theorie und Praxis.* Springer.

Havighurst, R. J. (1972). *Developmental tasks and education* (3rd ed.). David McKay Company.

Hellenschmidt, T. (2017). Psychosexuelle Entwicklung und sexuelle Präferenzstruktur. *DNP – Der Neurologe & Psychiater, 18,* 23–28. https://doi.org/10.1007/s15202-017-1634-6.

Hemminger, U. (2008). Störungen der Sexualentwicklung und des Sexualverhaltens. In H. Remschmidt, F. Mattejat, & A. Warnke (Hrsg.), *Therapie psychischer Störungen bei Kindern und Jugendlichen: Ein integratives Lehrbuch für die Praxis* (S. 464–472). Thieme.

Hinz, A. (2021). *Psychologie der Sexualität: Eine Einführung für Studium und Praxis sozialer Berufe.* Beltz Juventa.

Hoell, A., Kourmpeli, E., Dölling, D., Horten, B., Meyer-Lindenberg, A., & Dreßing, H. (2022). Ein Schritt ins Dunkle: Pilotstudie zu Prävalenz, situativem Kontext und Folgen sexualisierter Gewalt gegen Kinder und Jugendliche in Deutschland. *Psychiatrische Praxis, 50*(4),182–188. https://doi.org/10.1055/a-1960-4795.

Hoffmann, U., Fegert, J. M., Jud, A., Clemens, V., & Rassenhofer, M. (2021). Schutz vor Gewalt und Übergriffen in medizinischen Institutionen – Ursachen, Häufigkeiten und Implikationen für die Praxis. *Praxis der Kinderpsychologie und Kinderpsychiatrie, 70*(1), 64–83. https://doi.org/10.13109/prkk.2021.70.1.64.

Hosser, D., Windzio, M., & Greve, W. (2005). Scham, Schuldgefühle und Delinquenz. *Zeitschrift für Sozialpsychologie, 36,* 227–238. https://doi.org/10.1024/0044-3514.36.4.227.

Hoyer, J., & Knappe, S. (Hrsg.). (2020). *Klinische Psychologie & Psychotherapie* (3. Aufl.). Springer. https://doi.org/10.1007/978-3-662-61814-1.

Kafka, M. P. (2010). Hypersexual disorder: A proposed diagnosis for DSM V. *Archives of Sexual Behavior, 39*(2), 377–400. https://doi.org/10.1007/s10508-009-9574-7.

Kanfer, F. H., Reinecker, H., & Schmelzer, D. (2012). *Selbstmanagement-Therapie* (5. Aufl.). Springer.

Kendall-Tackett, K. A., Williams, L. M., & Finkelhor, D. (1993). Impact of sexual abuse on children: A review and synthesis of recent empirical studies. *Psychological Bulletin, 113*(1), 164–180. https://doi.org/10.1037/0033-2909.113.1.164.

Kenny, M. C., & Wurtele, S. K. (2013). Child Sexual Behavior Inventory: A comparison between Latino and normative samples of preschoolers. *The Journal of Sex Research, 50*(5), 449–457. http://www.jstor.org/stable/42002073.

Krege, S. (2011). Störung der Sexualentwicklung und Identität im Kindes- und Jugendalter. *Der Urologe, 50*(11), 1449–1463. https://doi.org/10.1007/s00120-011-2702-8.

Långström, N., Grann, M., & Lichtenstein, P. (2002). Genetic and environmental influences on problematic masturbatory behavior in children: A study of same-sex twins. *Archives of Sexual Behavior, 31*(4), 343–350. https://doi.org/10.1023/a:1016224326301.

Larsson, I., & Svedin, C. G. (2002). Sexual experiences in childhood: Young adults' re-collections. *Archives of Sexual Behavior, 31*(3), 263–273. https://doi.org/10.102 3/a:1015252903931.

Lehmiller, J. L. (2018). *The psychology of human sexuality* (2. Aufl.). Wiley Blackwell.

Letourneau, E. J., Chapman, J. E., & Schoenwald, S. K. (2008). Treatment outcome and criminal offending by youth with sexual behavior problems. *Child Maltreatment, 13*(2), 133–144. https://doi.org/10.1177/1077559507306717.

Lewinsohn, P. M. (1974). A behavioral approach to depression. In R. J. Friedman, & M. M. Katz (Hrsg.), *The psychology of depression: Contemporary theory and research* (S. 157–185). John Wiley & Sons.

Lins, K. K. (2020). *Sprechen über Sex.* Carl-Auer.

Markert, C., Golder, S., & Stark, R. (2022). Zwanghafte sexuelle Verhaltensstörung als neue ICD-11-Diagnose: Diagnostik und Psychotherapie. *Psychotherapeutenjournal, 1,* 24–30.

Maschke, S., & Stecher, L. (2018). Prävalenz sexualisierter Gewalt durch Gleichaltrige in der Jugend. *Zeitschrift für Soziologie der Erziehung und Sozialisation, 38*(2), 118–135.

Matthiesen, S., & Dekker, A. (2018). Jugendsexualität. Sexuelle Sozialisation im Zeitalter des Internets. In A. Lange, H. Reiter, S. Schutter, & C. Steiner (Hrsg.), *Handbuch Kindheits- und Jugendsoziologie* (S. 379–392). Springer.

Melemis, S. M. (2015). Relapse prevention and the five rules of recovery. *Yale Journal of Biology and Medicine, 88*(3), 325–332.

Meyenburg, B. (2005). Sexuelle Auffälligkeiten bei kinder- und jugendpsychiatrischen Patienten. In F. Resch, & M. Schulte-Markwort (Hrsg.), *Kursbuch für integrative Kinder- und Jugendpsychotherapie. Schwerpunkt: Sexualität* (S. 79–89). Beltz.

Meyenburg, B. (2013). Sexuelle Störungen und Geschlechtsdysphorie bei Kindern und Jugendlichen. In P. Briken, & M. Berner (Hrsg.), *Praxisbuch Sexuelle Störungen* (S. 230–239). Thieme.

Meyer, I. H. (2003). Prejudice, social stress, and mental health in lesbian, gay, and bisexual populations: Conceptual issues and research evidence. *Psychological Bulletin, 129*(5), 674–697. https://doi.org/10.1037/0033-2909.129.5.674.

Mielke, F. (2009). *Behandlungsprogramm für die Arbeit mit jugendlichen Sexualtätern (BMJS 12/21).* Beratungsstelle im Packhaus, pro familia e. V.

Naar-King, S., & Suarez, M. (2012). *Motivierende Gesprächsführung mit Jugendlichen und jungen Erwachsenen.* Beltz.

Pithers, W. D., Gray, A., Busconi, A., & Houchens, P. (1998). Children with sexual behavior problems: Identification of five distinct child types and related treatment conside-
rations. *Child Maltreatment, 3*(4), 384–406. https://doi.org/10.1177/1077559598003004
010.

Plöderl, M., Sauer, J., & Fartacek, R. (2006). Suizidalität und psychische Gesundheit von
homo- und bisexuellen Männern und Frauen: Eine metaanalytische Zusammenfassung
internationaler Zufallsstichproben. *Verhaltenstherapie & Psychosoziale Praxis, 117*,
4–10.

Pomeroy, J. C., Behar, D., & Stewart, M. A. (1981). Abnormal sexual behavior in pre-pube-
scent children. *British Journal of Psychiatry, 138*, 119–125.

Prentky, R., & Righthand, S. (2003). *Juvenile sex offender assessment protocol II (J-SOAP-
II): Manual.* https://www.ojp.gov/pdffiles1/ojjdp/202316.pdf.

Pro Familia (Hrsg.). (2012). *SexLustLiebe. Aufklärungsfilm für Jugendliche.* Pro Familia.

Resch, F., & Schulte-Markwort, M. (Hrsg.). (2005). *Kursbuch für integrative Kinder- und
Jugendpsychotherapie. Schwerpunkt: Sexualität.* Beltz.

Rose, A., Poppek, S., Mösler, T., Kemper, J., & Dorrmann, W. (2018). *Sexuelle Probleme
bei Kindern und Jugendlichen.* Psychotherapie-Verlag.

Rösing, D., & Loewit, K. (2014). Sexualmedizin: Diagnostik und Therapie. In M. Michel,
J. Thüroff, G. Janetschek, & M. Wirth (Hrsg.), *Die Urologie* (S. 1–9). Springer. https://
doi.org/10.1007/978-3-642-41168-7_50-1.

Rösing, D., & Loewit, K. (2021). Sexualmedizin: Diagnostik und Therapie. In M. Michel,
J. Thüroff, G. Janetschek, & M. Wirth (Hrsg.), *Die Urologie* (S. 1–7). Springer. https://
doi.org/10.1007/978-3-642-41168-7_50-2.

Sattler, F. A. (2018). *Minderheitenstress und psychische Gesundheit von Lesben, Schwulen
und Bisexuellen* [Dissertation]. Fachbereich Psychologie der Philipps-Universität Mar-
burg. https://archiv.ub.uni-marburg.de/diss/z2018/0109/pdf/dfas.pdf.

Schlinzig, E., Schuler, M., Kreutzmann, A., Legeland, L. T., Pantazidis, P., Hellenschmidt,
T. J., & Beier, K. M. (2021). Berliner Dissexualitätstherapie für Adoleszente (BEDIT-
A) – Das Präventionsprojekt für Jugendliche (PPJ). „Du träumst von ihnen". *Sexuolo-
gie, 28*(3–4), 187–191.

Schmidt, G. (2004). Kindersexualität – Konturen eines dunklen Kontinents. *Zeitschrift für
Sexualforschung, 17*, 312–322. https://doi.org/10.1055/s-2004-832437.

Schmidt, G. (2012). Kindersexualität. Konturen eines dunklen Kontinents. In I. Quindeau,
& M. Brumlik (Hrsg.), *Kindersexualität* (S. 60–70). Beltz Juventa.

Schmidt, R.-B., & Sielert, U. (Hrsg.). (2013). *Handbuch Sexualpädagogik und sexuelle Bildung* (2. Aufl.). Beltz Juventa.

Schneider, H. J., Jacobi, N., & Thyen, J. (2020). *Hormone – ihr Einfluss auf mein Leben:
Wie kleine Moleküle Liebe, Gewicht, Stimmung und vieles mehr steuern.* Springer.

Schuhrke, B. (2012). Problematisches sexuelles Verhalten als Herausforderung für die Kin-
der- und Jugendhilfe. In I. Quindeau, & M. Brumlik (Hrsg.), *Kindliche Sexualität* (S.
157–176). Beltz Juventa.

Schuhrke, B. (2015). Kindliche Ausdrucksformen von Sexualität. Zum aktuellen Wissens-
stand und dessen Relevanz für Eltern und Institutionen bei der Sexualaufklärung. *Zeitschrift für Sexualforschung, 28*(2), 161–170. https://doi.org/10.1055/s-0035-1553062.

Schulte, K. L., Szota, K., & Christiansen, H. (2021). Die Entwicklung von Sexualität bei
Kindern und Jugendlichen mit sexuellen Gewalterfahrungen. *Kindheit und Entwicklung,
30*(3), 172–182. https://doi.org/10.1026/0942-5403/a000345.

Siewering, M. (2015). Therapie mit Verpflichtungscharakter – Bericht über das ambulante Behandlungsmodell für sexuell übergriffige Jugendliche im Kinderschutz-Zentrum Rheine. *Kindesmisshandlung und -vernachlässigung, 18*(2), 208–223.

Sigusch, V. (2007). *Sexuelle Störungen und ihre Behandlung.* Thieme. https://doi.org/10.1055/b-001-2166.

Silovsky, J. F., & Niec, L. (2002). Characteristics of young children with sexual behavior problems: A pilot study. *Child Maltreatment, 7*(3), 187–197. https://doi.org/10.1177/1077559502007003002.

Stang, P., Elsner, M., Schleider, K., & Rose, A. (2018). Protokollbogen für die Supervision der Therapie von Störungen der Sexualität und Geschlechtsidentität – PBS-TSG. In A. Rose, S. Poppek, T. Mösler, J. Kemper, & W. Dorrmann (Hrsg.), *Sexuelle Probleme bei Kindern und Jugendlichen* (S. 197–218). Psychotherapie-Verlag.

Stang, P., Köllner, M. G., & Weiss, M. (in press). Gender-related and sexual problems among children and adolescents. *Psychiatry, Psychotherapy and Clinical Psychology, 2.*.

Stang, P., & Ondrejtschak, C. (accepted). Kognitiv-verhaltenstherapeutische Sexualtherapie mit Kindern und Jugendlichen. In U. Özdemir, & J. Velten (Hrsg.), *Kognitiv-verhaltenstherapeutische Sexualtherapie.* Hogrefe.

Stang, P., & Ondrejtschak, C. (submitted). Übergriffiges Verhalten und paraphile Störungen bei Kindern und Jugendlichen. In U. Özdemir, & J. Velten (Hrsg.), *Kognitiv-verhaltenstherapeutische Sexualtherapie.* Hogrefe.

Stang, P., & Schleider, K. (2018). Psychische und Verhaltensstörungen in Verbindung mit der sexuellen Entwicklung und Orientierung (F66). In A. Rose, S. Poppek, T. Mösler, J. Kemper, & W. Dorrmann (Hrsg.), *Sexuelle Probleme bei Kindern und Jugendlichen* (S. 57–114). Psychotherapie-Verlag.

Stang, P., Weiss, M., & Köllner, M. G. (2024). Entwicklung der Diagnosehäufigkeiten im Kontext von Sexualität und Geschlecht in der stationären Versorgung bei Kindern und Jugendlichen. *Das Gesundheitswesen, 86*(07), 468–470. https://doi.org/10.1055/a-2321-8492.

Stang, P., & Wüchner-Fuchs, M. (2024). Sexualität und Geschlecht im Kontext von Menschen mit Behinderung. In S. Scholz, & J. Zerth (Hrsg.), *Versorgung gestalten. Versorgungsstrukturen von Menschen in vulnerablen Lebenslagen* (S. 76–99). Kohlhammer.

Timmermanns, S. (2023). Junge queere Menschen. Herausforderungen in der Identitätsentwicklung. *Reportpsychologie, 48*(2), 6–10.

Volbert, R. (2005). Sexuelles Verhalten von Kindern. In G. Amann & R. Wipplinger (Hrsg.), *Sexueller Missbrauch. Überblick zu Forschung, Beratung und Therapie. Ein Handbuch* (S. 387–389). dgvt-Verlag.

Volbert, R. (2010). Sexualisiertes Verhalten von Kindern – Stellenwert für die Diagnostik eines sexuellen Missbrauchs. In M. Clauß, M. Karle, M. Günter, & G. Barth (Hrsg.), *Sexuelle Entwicklung – sexuelle Gewalt. Grundlagen forensischer Begutachtung von Kindern und Jugendlichen* (S. 38–61). Pabst.

Voss, H.-J. (2023). *Einführung in die Sexualpädagogik und sexuelle Bildung: Basisbuch für Studium und Weiterbildung.* Kohlhammer.

Ward, T., & Gannon, T. A. (2006). Rehabilitation, etiology, and self-regulation: The comprehensive Good Lives Model of treatment for sexual offenders. *Aggression and Violent Behavior, 11*(1), 77–94. https://doi.org/10.1016/j.avb.2005.06.001.

Weidinger, B., Kostenwein, W., & Dörflein, D. (2007). *Sexualität im Beratungsgespräch mit Jugendlichen* (2. Aufl.). Springer. https://doi.org/10.1007/978-3-211-33658-8.

Weinberg, D. (2013). *Traumatherapie mit Kindern. Strukturierte Trauma-Intervention und traumabezogene Spieltherapie (Leben Lernen 178).* Klett & Cotta.

WHO – World Health Organization (2023, February 22). *ICD-11 for Mortality and Morbidity Statistics (Version: 01/2023).*

Wolf, G., Fünfgeld, M., Oehler, R., & Andrae, S. (2015). Empfehlungen zur Psychotherapie und Beratung mit lesbischen, schwulen und bisexuellen Klient_innen. *Verhaltenstherapie & psychosoziale Praxis, 47*(1), 21–48.

Wolf, G., & Meyer, E. (2017). Sexuelle Orientierung und Geschlechtsidentität – (k)ein Thema in der Psychotherapie? *Psychotherapeutenjournal, 16*(2), 130–139.

Worku, D., Gebremariam, A., & Jayalakshmi, S. (2006). Child sexual abuse and its outcomes among high school students in southwest Ethiopia. *Tropical Doctor, 36*(3), 137–140. https://doi.org/10.1258/004947506777978325.

Worling, J. R., & Curwen, T. (2001). Estimate of Risk of Adolescent Sexual Offense Recidivism (ERASOR) (Version 2.0). In M. C. Calder (Hrsg.), *Juveniles and children who sexually abuse: Frameworks for assessment* (2. Aufl., S. 372–397). Russell House.

If you have any concerns about our products,
you can contact us on
ProductSafety@springernature.com

In case Publisher is established outside the EU,
the EU authorized representative is:
**Springer Nature Customer Service Center GmbH
Europaplatz 3, 69115 Heidelberg, Germany**

Printed by Libri Plureos GmbH
in Hamburg, Germany